푸랜시스카 사진의 한국사 II

A Korean History of Francesca Rhee's Pictures II

김명섭

연세대학교 이승만연구원 학술총서 10

연세대학교 이승만연구원 학술총서 10

푸랜시스카 사진의 한국사 II

A Korean History of Francesca Rhee's Pictures II

2024년 3월 19일 1판 1쇄

지은이　김명섭
펴낸곳　연세대학교 출판문화원
주소　서울특별시 서대문구 연세로 50
등록　1955년 10월 13일(제9-60호)
전화　02) 2123-3378~80
팩스　02) 2123-8673
전자우편　ysup@yonsei.ac.kr
홈페이지　http://press.yonsei.ac.kr
인쇄　동국문화(주)

ISBN　978-89-6850-775-5(93990)
978-89-6850-776-2(세트)

값 22,000원

푸랜시스카 사진의 한국사 Ⅱ

A Korean History of Francesca Rhee's Pictures Ⅱ

김명섭

연세대학교 출판문화원

감사의 글

『푸랜시스카 사진의 한국사 I』에서 이미 감사를 표한 여러분들을 포함해서 먼저 가신 부모님, 그리고 늘 사랑하는 가족에게 감사한다. 이 후속판 출판을 가능하게 해준 우남소사이어티에 감사한다. 연세대학교 이승만연구원, 우남관 기증자, 연세대학교 출판문화원, 학술정보원, 그리고 이화장 등의 여러분들께 감사한다.

연세대학교 이승만연구원 소장 사진들, 국정홍보처 『대한민국 정부기록사진집』 발간 자문위원 시절 제공받았던 사진들, 대한민국 국가기록원 나라기록관 소장 사진들, 건국이념보급회 소장 사진들, 대한민국 공보처 기록 사진들을 비롯한 공공사진들, 뉴욕 김신환 장로 소장 사진 등이 수록될 수 있도록 도와준 여러분들께 감사한다. 『푸랜시스카 사진의 한국사 I』에 이어 미처 확인하지 못한 사진 관련 정보들 및 서술 상의 오류와 미흡한 점들과 관련하여 도움을 주시는 독자 제현들께 감사한다.

2024년 2월

김명섭

bluesail@yonsei.ac.kr

*이 저서는 연세대학교 학술연구비의 지원으로 이루어진 것임.

대통령 영부인은 법적으로 규정된 지위는 없으나 대통령의 최측근 인물로서 정치적으로 큰 영향력을 지녔다. 대통령의 리더십에 손상을 주는 경우도 있었지만 국가를 위한 헌신이 대통령의 그늘에 가려진 경우들도 많았다. 대통령들의 공과 뿐만 아니라 대통령 영부인들의 공과도 객관적으로 기록될 필요가 있다.

아래 큰 사진은 청와대 개방 이후 본관에 전시된 역대 대한민국 대통령 영부인들의 모습을 2023년 4월 23일에 저자가 촬영한 것이다. 당시 전시된 사진들 밑에는 이름이 없었다. 윗줄 왼쪽부터 대한민국 초대 대통령 영부인 푸랜시스카 또나, 공덕귀, 육영수, 홍기, 이순자, 아랫줄 왼쪽부터 김옥숙, 손명순, 이희호, 권양숙, 김윤옥, 김정숙이다.

이승만 대통령 영부인은 죽을 때까지 자신을 "호주댁"이라고 부르던 한국사람들을 향해 자신은 "호주댁"이 아니라 "한국댁"이라고 호소하며 살았다. 우선 이름부터 본인이 한국 호적에 올렸던 대로 표기하고자 한다. 한국 호적(현재 가족관계등록부)에 올려진 이 대통령 영부인의 이름은 "프란체스카"가 아니라 "푸랜시스카"였다. "또나"는 그녀의 성이다. 성은 고향인 오스트리아 발음에 따라 표기했고, 이름은 시민권을 취득했었던 미국 발음에 따라 표기했다.

(작은 사진: 푸랜시스카의 한국 가족관계등록부 중 일부, 푸랜시스카 양손 이병구 제공).

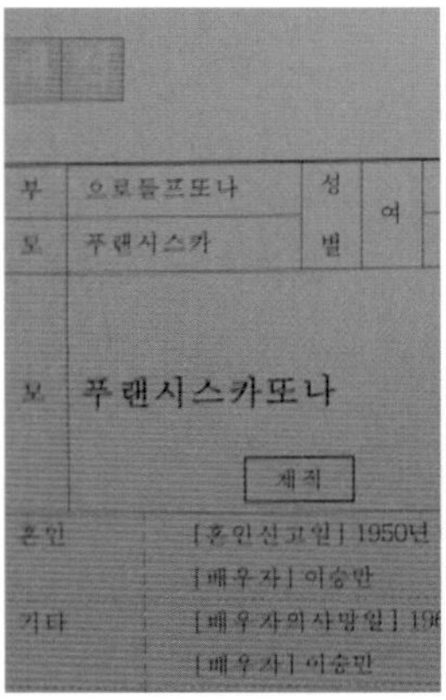

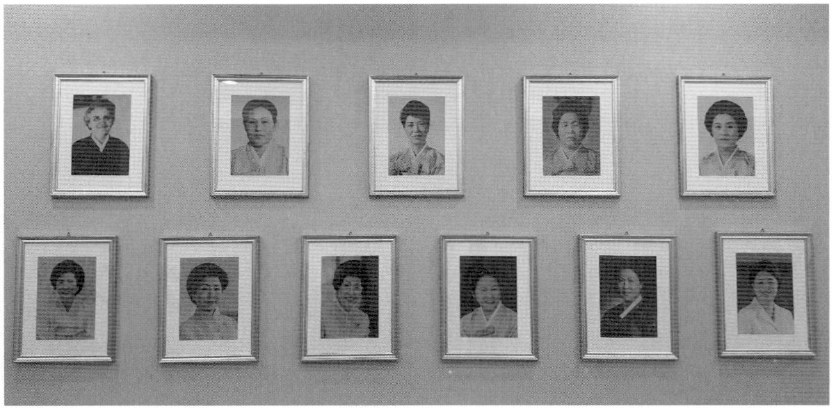

일러두기

- 이 책은 『푸랜시스카 사진의 한국사I』 (서울: 연세대학교 대학출판문화원, 2021)의 후속편이다.
- 푸랜시스카가 소장했거나 관련된 사진들을 통해 당대의 정치사를 새로운 시각에서 고찰했다.
- 연세대학교 이승만연구원 소장 사진들은 대부분 로고 가 기입되어 있어 출처를 표기하지 않았으나 로고가 없거나 불분명한 경우 "연세대 이승만연구원"이라고 출처를 표기했다.
- 사진 고증 및 내용 집필에 참고한 문헌들은 책 뒤에 일괄적으로 명기했다. 촬영일자와 장소, 함께 촬영된 인물들을 고증 또는 추정했으나 미상으로 표기한 경우들도 있다.
- 사진 설명에서 "푸랜시스카의 왼쪽"과 같은 표현은 푸랜시스카의 왼쪽이라는 의미이다.
- 그녀의 이름은 그녀가 생전에 사용했던 표기 방식과 한국 가족관계등록부(호적) 상의 표기 방식에 따라 "푸랜시스카"라고 표기했다. 대통령 영부인이라는 호칭의 반복은 회피했다.

목 차

I. 대한민국 제2대 대통령 영부인이 된 이후 6.25전쟁 정전까지
1952.8.15~1953.7.27 09

II. 6.25전쟁 정전 이후 1954년 방미 이전까지
1953.7.27~1954.7.25 91

III. 1954년 방미 이후 제2차 개헌까지
1954.7.25~1954.11.29 159

IV. 제2차 개헌 이후 제3대 대통령 영부인이 될 때까지
1954.11.29~1956.8.15 235

V. 보론 333

VI. 참고문헌 343

I

대한민국 제2대 대통령 영부인이 된 이후 6.25전쟁 정전까지

1952.8.15~1953.7.27

1952년 8월 5일 한반도 역사상 최초로 국민이 직접 대통령을 선출하는 제2대 대통령 선거가 제3대 부통령 선거와 함께 실시되었다. 대통령에는 이승만 후보, 부통령에는 함태영 후보의 당선이 확정되어 8월 15일부터 임기를 시작했다. 광복군 지도자 출신으로 대한민국 초대 국무총리 겸 국방장관을 지냈고, 부산정치파동 당시 내무장관으로 악역을 맡았던 이범석 대신 함태영이 부통령에 당선된 것은 많은 이들의 예상을 뒤집었다. 이 대통령의 의중이 반영된 결과이기도 했지만 미국 대사관에서도 이범석을 좋아하지 않았다.

1953년 7월 27일 정전협정이 발효되는 시점까지 전방에서는 고지전이 계속되고 있었고, 공중과 해상에서의 전투도 계속되고 있었다. 푸랜시스카는 이 대통령과 함께 부산 부민동 대통령 관저에 상주하며 미군 군용기 등을 이용하여 이 대통령과 함께 서울과 부산을 왕복하고, 전후방을 방문하며 대한민국 제2대 대통령 영부인으로서의 역할을 수행했다. 국제연합(UN)군과 함께 전쟁을 치르는 동시에 국제원조를 받아 후방의 전재민들을 돌보아야 했던 상황에서 유럽 출신으로 하와이에서 미국 시민권을 취득하기도 했었던 푸랜시스카의 숨은 공로는 작지 않았다. 푸랜시스카 관련 사진들은 이러한 모습과 함께 당시 치열했던 국내정치의 단면도 반영하고 있다.

光復節

1952.8.15. 중앙청 광장

광복절 기념식 및 제2대 대통령 및 제3대 부통령 취임식. 푸랜시스카가 8월의 뜨거운 햇볕을 가리기 위해 직접 양산을 들고 서있다. 부통령에는 촉망되던 이범석 대신 당선된 함태영이 취임했다. 대한민국 3부 요인들이 행사에 참석하기 위해 임시수도 부산에서 서울로 모였고, 클라크(Mark Wayne Clark, 1896~1984) 국제연합(UN)군 사령관도 도쿄에서부터 참석했다. 사회를 맡았던 배은희(裵恩希, 1888~1966, 작은 사진, 대한독립촉성국민회 전북지부장을 거쳐 달성군 국회의원) 목사가 함께 서있다.

당시 광복절은 1945년 8.15해방과 1948년 8.15독립을 모두 기념하는 의미가 있었다. 이 날 행사는 신익희 국회의장의 개회사와 국민의례, 이 대통령의 권유로 순서에는 없었지만 즉석에서 이루어진 배은희 목사의 기도, 이승만 대통령 취임 선서 및 취임사, 대통령기 증정과 대통령 찬가, 부통령과 국무위원 일동의 꽃다발 증정 등의 순으로 진행되었다. 이 대통령은 "민중의 직접투표"로 대통령 선거가 이루어졌음을 강조하는 한편, "자유세계와 함께 공산당제국주의에 승전하여 7백만 이북동포를 다 구해내야 한다"며 전쟁 중이던 국민의 사기를 고양했다.

배은희는 평양신학교 재학 중이던 1919년 3.1운동에 참여했었다. 경상북도 출생으로 전주 서문밖교회에서 목회하며 항일독립운동에 참여했고, 전북지역에서 창씨개명을 거부했던 대표적 지도자들 중 한 명이었다. 8.15해방 직후 전주 청년단을 조직하여 치안을 유지하는 한편 반공투쟁에 앞장섰고, 임시시국대책위원회 위원장을 맡았다. 군산의 윤석구(초대 체신장관, 1950년 9월 전주형무소에서 조선인민군에 의해 학살) 등과 함께 전라북도에서 대한독립촉성운동을 주도했다. 1948년 8월 15일 대한민국 독립정부가 수립되자 고시위원장을 맡았다. 1951년 경상북도 달성군 보궐선거에서 국회의원으로 당선되었다. 자유당 내에서 이기붕(李起鵬, 1896~1960.4.28) 계와 갈등을 빚었고, 1954년 5.20 국회의원 선거에서 낙선한 후 정계에서 은퇴했다.

(사진들: 외무부 정보국, 『조선성자 방애인 소전』)

1952년 8월 추정

전방부대 시찰 중으로 보이는 이 대통령과 푸랜시스카. 6.25전쟁 중 밴 플리트(James Alward Van Fleet, 1892~1992) 미8군 사령관은 이 대통령과 약 1주일에 한번 정도씩 훈련소와 전선을 시찰했다.

이 대통령은 6.25전쟁 기간 중 국제사회를 향한 영어연설 포함 280회 이상의 전후방 연설을 통해 국내외의 지원을 호소하고, 장병들을 격려했다.

(사진: 국정홍보처)

1952.10.1. 경남 사천 공군기지

항공의 날(공군의 날) 4주년 기념식에 참석한 푸랜시스카. 10월 1일은 육군 항공부대(2021년 이후 육군항공사령부)를 모태로 1,600명의 인원과 20대의 L-형 항공기로 대한민국 공군이 창설된 날이다.

대한민국임시정부가 공군을 창설하기 위해 1920년 캘리포니아 윌로우스(Willows)에 비행사양성소를 세웠으나 1921년 4월 자금부족으로 폐쇄된 바 있다. 이승만 대한민국임시정부 대통령은 1922년 3월 6일 대한민국임시정부 군무총장이었던 노백린(오른쪽 위 작은 사진)에게 비행사양성소 건립을 위한 자금을 제공했던 김종림(오른쪽 아래 작은 사진)의 자택에 초대받는 등 일찍부터 공군에 관심을 가졌다.

이 대통령 옆으로 당시 공군 참모총장 김정렬 소장이 보인다. 이 날 이 대통령은 대한민국 공군 창설에 공이 큰 포트 대령, 구레코 소령, 킵슨 대위에게 각각 금성을지무공훈장과 은성충무훈장을 수여했다. 그리고 미 제5공군 사령관 바커스(Glenn O. Barcus, 1903~1990) 중장은 많은 적지출격(敵地出擊) 기록을 세운 강호륜 중령 등 12명에게 십자항공훈장을 수여했다. 미 제5공군은 제2차 세계대전 종전 무렵 뉴기니, 필리핀, 오키나와 등지에서 일본제국군과 격전을 벌여 한반도 해방에 기여했고, 한국 공군의 창설과 발전에도 기여했다.

일본제국 공군을 자유민주적 일본공군으로 개조했던 웨이랜드(Otto Paul Weyland, 1903~1979) 미 극동공군 사령관(Commander of Far East Air Forces)도 참석했다. 웨이랜드 사령관은 6.25전쟁 중 탁월한 공군 지휘능력을 인정받아 1952년 7월 5일 대장으로 진급했었다. 핀레터(Thomas K. Finletter, 1893~1980) 미 공군장관(Secretary of the Air Force)은 대한민국 공군의 위용을 치하하며 발전을 축원했다.

1952.10.18. 서울운동장.

6.25전쟁의 와중에 개최된 제33회 전국체육대회를 참관하는 이 대통령과 푸랜시스카. 푸랜시스카의 뒷편으로 김태선 서울시장, 한 사람 건너 이기붕 대한체육회 회장. 두 사람 사이에 있는 인물은 OSS출신의 독립운동가 장기영(1903~1981)으로 추정된다(한국일보 백상 장기영과는 다른 인물). 1952년 1월까지 제2대 체신장관을 역임했던 장기영은 1952년 10월 23일 야당인 민주국민당 상무집행위원회 위원이 된다(조병옥, 김도연, 장기영, 김준연, 안동원, 나용균, 김우평, 이정래, 허순영 외 국회의원 3명).

전시에도 불구하고 10월 18일부터 1주일 동안 서울운동장에서 20개 종목 3천 3백 여명이 참가했다. 중, 고생과 일반 관중 3만 여명이 참석한 개회식에는 이 대통령 부부, 신임 체육회장 이기붕 등이 참석했다. 시도별 대항 종합 순위 1위는 서울, 2위는 경상북도, 3위는 경상남도가 차지했다. 이 대회보다 앞서 하계대회가 8월 30일부터 이틀 동안 인천 송현동 특설 수영장에서 열렸고, 조정경기는 한강 명수대에서 개최되었다. 동계대회는 1953년 1월 17일부터 이틀 동안 청주시 명암연못 특설 링크에서 개최되었고, 이어서 치러진 스키 대회는 2월 26일부터 나흘 동안 대관령스키장에서 거행되었다.

이 날 행사가 열린 서울운동장은 1925년 일본의 동궁(히로히토) 결혼기념사업의 일환으로 건설되었다(당시 명칭은 경성운동장). 88서울올림픽 개최를 위해 잠실에 개장할 운동장 명칭이 서울종합운동장으로 정해지면서 1985년 동대문운동장으로 개명되었다. 2007년 철거되고, 2014년 하디드(Zaha Hadid, 1950~2016)가 설계한 동대문 디자인 플라자(Dongdaemun Design Plaza, DDP)가 들어섰다.

1952. 10. 23 (추정). 경무대

미국 외교 사절 및 변영태 외무장관을 접견하는 이 대통령과 푸랜시스카. 지팡이를 짚고 있는 엘릭스 O. 브릭스 주한 미국 대사는 1952년 8월 25일 주한미국대사에 임명되어 11월 25일에 취임했다. 사진의 왼쪽 끝에 보이는 변영태 외무장관은 국제연합(UN) 총회에 참석하고 이 날 오전 9시 항공편으로 임시수도 부산으로 귀환했다.

변영태(卞榮泰, 1892~1969)는 유명 시인 변영로의 형이고, 법조인 변영만의 동생이었다. 1905년 을사조약 이후 전덕기의 상동교회(尙洞敎會)에 나가면서 이회영 (李會榮)의 영향을 받았다. 이회영이 설립한 만주 신흥강습소(신흥무관학교로 발전)를 졸업하고, 만주 협화대학 영문과에서 공부했다. 고려대학교 교수로 있다가 1949년 필리핀 특사로 맥아더 사령부가 있던 도쿄를 거쳐 마닐라를 방문했다. 1951년 임병직에 이어서 외무장관이 된 그는 1953년 체결된 한미상호방위조약에 서명을 남겼다. 1954년 11월에 실행된 제2차 개헌(사사오입 개헌)에 따라 국무총리제가 폐지됨에 따라 변영태는 1955년 7월 28일까지 외무장관만을 맡게 된다. 1956년 이후 서울대, 고려대 교수 등을 지냈고, 1963년 대통령 선거에 출마했다. 당시 그가 얻은 표는 박정희와 윤보선의 승부를 갈랐던 표보다 많았다. 은퇴 이후 학원에서 영어를 강의하는 등 청렴하게 살다가 1969년 연탄가스 중독으로 별세했다.

(사진: 대한민국 국가기록원 나라기록관)

1952.10.30. 오후. 진해. 육군사관학교 창립 제1주년 기념식

머피(Robert D. Murphy, 1894~1978) 주일 미국대사와 동행하고 있는 푸랜시스카. 머피의 오른쪽으로 한 사람 건너 도쿄에서부터 동행한 클라크 국제연합(UN)군 사령관, 그리고 밴 플리트 미 8군 사령관 등의 모습이 보인다. "1952년 11월 1일" 사진이라고 잘못 알려지기도 했다.

클라크 장군과 머피 대사 일행은 28일 밤 서울에 도착, 29일 전선을 시찰하고, 30일 오전 부산에서 이 대통령과 요담한 후 30일 오후 진해에서 한국 사관학교 창립 1주년 기념식에 참석한 후 부산에서 도쿄로 귀환했다.

전격적으로 이루어진 머피 대사의 첫 방한은 클라크 라인을 넘는 일본어선에 대한 통제 문제와 관련이 있었다. 이승만 대통령이 독도영유권을 확보한 평화선(Rhee Line)을 선포하면서 클라크 라인(Clark Line)을 국제법적 논거로 활용하자 이들은 클라크 라인이 군사적 경계선일 뿐 정치적 경계선이 아니라는 입장을 표명하면서 한일 간의 갈등을 무마하고자 했다. 회담 이후 머피 대사는 한국 해역에서의 고기잡이를 자제할 것을 일본 측에 요구했다.

(사진: 대한민국 국가기록원 나라기록관)

이승만연구원
李承晩研究院
The Syngman Rhee Institute

1952.11.10. 서울 덕수궁 미술관.

아직 6.25전쟁이 계속되고 있던 중에 유럽의 파병국 벨기에(白耳義, 백이의)가 주최한 현대미술전람회장 개막식에 참석한 이 대통령과 푸랜시스카. 이 대통령과 푸랜시스카는 서양미술의 발전도 후원했었다. 서양화가 고희동(春谷 高羲東, 이른바 홍대파의 비조)은 푸랜시스카에게 이부란(李富蘭)이라는 한국 이름을 작명하여 헌정하기도 했었다.

이 미술전람회에는 벨기에의 추상파 및 초현실파 작품 약 80점이 전시되었다. 한국과 벨기에는 대한제국 시기인 1901년 한백수호통상조약으로 처음 외교관계를 수립했다. 벨기에는 1948년 대한민국을 승인했고, 6.25전쟁 당시 룩셈부르그와 함께 국제연합(UN)군의 일원으로 참전했다.

푸랜시스카는 미국에서 대한독립운동에 동참하면서 미국 국적을 취득했지만, 오스트리아 출신으로서 유럽 출신 인사들을 상대로 한 문화외교에도 능력을 발휘했다.

1952.11.17. 서울비행장(여의도비행장)

밴 플리트 미8군 사령관 부인 헬렌(Helen Moore Van Fleet, 1892~1984)의 방한을 열렬히 환영하는 푸랜시스카. 이 대통령 옆에 군모를 쓴 밴 플리트 사령관의 옆모습이 보인다.

헬렌 밴 플리트는 6.25전쟁에 참전 중인 남편과 19개월 만에 재회했다. 외아들 밴 플리트 2세는 B-26폭격기 조종사로 1952년 4월 평안도 순천에서 임무 수행 중 실종되었다. 헬렌 벤 플리트는 일본까지는 선박으로, 일본에서부터 서울까지는 C4 미군 수송기를 이용했다. 그녀는 아들이 살아있을 것이라는 희망을 버리지 않았다. 실제로 밴 플리트 2세는 포로로 감금되어 있다가 소련으로 보내졌다는 주장이 2020년에 제기되기도 했다.

이 날 밴 플리트 부인을 맞이한 서울비행장(여의도비행장)은 일제가 1916년 경기도 고양군 용강면 여울리에 군사용으로 건설했던 공항이다. 해방 직전까지 경성비행장이라고 불렸다. 1939년 김포비행장(경성 신비행장)이 일본 육군 항공대 비행훈련장으로 개장될 때까지 경성의 주 비행장이 되었다. 1949년 10월 1일 이곳에서 미 제5공군의 도움을 받아 대한민국 공군이 창설되었다.

1952.11.18. 강원도 양양 추정.

한국군 보병 제12사단(을지부대)과 제15사단(승리부대) 창설을 밴 플리트 미8군 사령관 부부와 함께 경축하는 이 대통령과 푸랜시스카. 6.25전쟁의 와중에서 이 대통령과 밴 플리트 사령관은 시급히 한국군을 육성하는데 뜻을 같이 했다.

밴 플리트는 아이젠하워와 브래들리 등과 같은 웨스트포인트 동기생들이 진급에서 앞서 나갈 때, 고향 플로리다대학교에서 ROTC 교관으로 근무했다. 이러한 교육경험을 발휘해서 그는 그리스내전 당시 정부군을 육성하여 그리스공산화를 막는데 기여했다. 한국 육사도서관 건립을 위해 모금운동을 벌이고 사재도 기부하는 등 한국군 양성에 헌신했던 그는 "현대 한국군의 아버지"라고 불린다. 한국 육군사관학교에 그의 동상이 있는 이유다 (작은 사진: 저자 촬영, 2023.10.11).

밴 플리트의 한국군 육성 노력은 1951년 미 7사단장을 거쳐 1955년 미 극동군 및 8군 사령관이 되는 렘니쩌(Lyman Louis Lemnitzer, 1899~1988, 미 육군 참모총장을 거쳐 제4대 미 합참의장)로 이어졌다. 한국군의 급속한 성장은 많은 군 지도자들의 성장과 더불어 진행되었다.

사진 왼쪽 끝 카이저 콧수염을 기른 신태영(1891~1959)은 1952년 3월 29일부터 1953년 6월 30일까지 제4대 국방장관을 역임하는 동안 한국군 육성에 크게 기여했다. 그의 차남은 6.25전쟁 중에 전사하여 솔선수범형 지도자로 평가받기도 했다.

1952.11.20. 미 해군 전함 미주리호 선상.

미 극동함대 사령관 브리스코(Robert Pearce Briscoe, 1897~1968) 제독 부부 등과 함께 한 푸랜시스카(52세). 1945년 9월 2일 이 전함 위에서 일제의 항복문서 조인식이 있었다. 브리스코 제독은 미 해군 제7함대 함장으로 있다가 1952년 6월부터 미군 극동함대사령관을 맡았다. 이 날 브리스코 극동함대 사령관과 클라크 미 해군 제7함대 사령관이 은성태극무공훈장을 받았고, 아담스 한국 연해 봉쇄 함대 사령관이 은성을지무공훈장을 받았다. 미국 해군의 한반도 연해 봉쇄활동은 해상을 통한 소련군 및 조선인민군 해군의 침투를 방어함은 물론 대한민국의 독도 영유권 확보에도 기여했다.

가운데 사진에서 경례를 하고 있는 해군들 뒷줄에 신태영 당시 국방장관과 신성모 해사위원회 위원장(2대 국방장관)이 보인다. 해사위원회는 선박행정의 통일과 선원기술진 양성 및 확보를 위해 교통부 해운국과 상공부 수산국이 중심이 되어 만들어진 대통령 직속 위원회였다. 신성모 위원장은 중화민국 임시국무총리와 해군총장 등을 역임한 살진빙(薩鎮冰, 싸전빙, 1859~1952) 휘하에서 근무했고, 독립된 나라의 해양 지도자가 되겠다며 영국으로 유학 킹 에드워드 7세 항해대학(King Edward Ⅶ Nautical College)을 졸업했다. 제2차 세계대전 중에는 영국 해군의 상선 사관(merchant marine officer)으로 지중해와 인도양 등지의 해상작전에 참전했다. 이 대통령 하야 이후 신성모는 희화화되곤 했지만 대한민국 해군 및 해양업 발전에 많은 기여를 한 인물이다.

1952.11.22. 강원도.

밴 플리트 미8군 사령관 부부와 함께 3316부대 및 1358부대 창설 기념식에 참석한 이 대통령과 푸랜시스카.

1952년 8월 이후 청주-영주선 이남을 클라크 국제연합(UN)군 사령관 직속의 한국후방관구사령부(KComZ, 케이콤즈)가 관할하기 전까지 밴 플리트 미8군 사령관은 전방과 후방을 모두 총괄하는 권한을 갖고 있었다. 막대한 권한에도 불구하고 밴 플리트 사령관은 이 대통령을 깍듯이 존경했다. 밴 플리트는 훗날 상원 군사위원회 청문회에서 이승만 한국 대통령은 "자기 체중만큼의 다이아몬드와 같은 가치를 지닌 인물"이라고 증언했다.

이 점은 제2차 세계대전 당시 아시아전선에 파견되었던 미군 사령관 스틸웰(Joseph "Vinegar Joe" Stilwell, 1883~1946)이 중화민국 최고 지도자 장제스(蔣介石, 1887~1975)를 "땅콩(Peanut)"이라고 부르며 갈등관계에 있었던 것과 대조적이다.

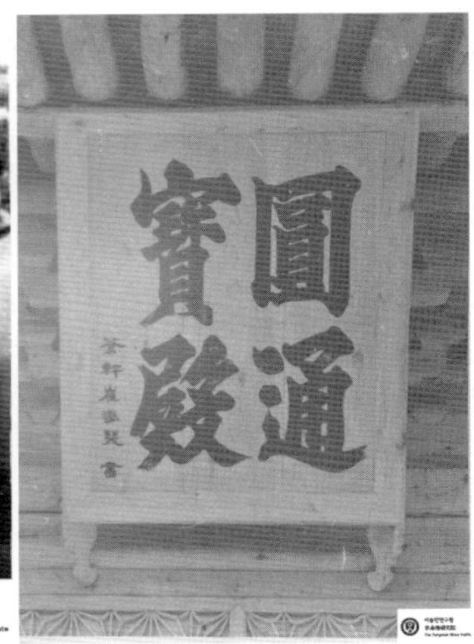

1952.11.22. 양양 낙산사.

한국군에 의해 보수, 개축된 낙산사 원통보전 앞에서 밴 플리트 사령관 부부와 함께 한 이 대통령과 푸랜시스카.

양양군 북부 지역은 1950년 10월 1일 이 대통령의 명령에 따라 한국군이 북진하여 수복한 지역이다. 이 대통령은 이 지역에 각별한 관심을 갖고 있었다. 대통령 부부는 1952년 8월 수복지구 방문 때에도 낙산사를 방문하여 수축을 격려했었다. 군이 동원되어 사찰이 수축되었고, 이후 사찰은 군인들을 특별대우했었다. (『푸랜시스카 사진의 한국사 I』 참고). 수복지구의 행정권은 1954년까지 국제연합(UN)군에게 있었다.

정전협정에서 전선에 따른 군사분계선이 획정됨에 따라 38도선 이북 철원, 김화, 인제, 고성, 그리고 화천, 양구, 양양 일부 지역 등이 평양 공산주의 정권의 통치에서 벗어났다. 대신 서쪽에서는 38도선 이남이었던 개성 등이 평양 공산주의 정권의 통치 아래로 들어갔다. 현재 강원도 고성군 거진읍 화진포에는 1954년 건축되었던 이승만 대통령 별장이 남아 있다.

1952.11.26. 장소 미상의 고아원.

방한 중인 밴 플리트 미군 사령관 부인 헬렌과 함께 고아들에게 선물을 전달하는 푸랜시스카.

6.25전쟁으로 인한 전쟁고아는 약 10만 명 이상이었다. 홀트아동복지회, 월드비전과 같은 자선기관들이 해외 입양 등을 통해 고아문제 해결에 앞장 서기도 했다.

(작은 사진: 인천기계공업주식회사 앞에서 울고 있는 어린 아이. 위키피디아)

1952년 11월 말에서 12월 2일 아이젠하워 미국 대통령 당선자 도착 직전. 광주.
작은 사진: 1952년 공화당 아이젠하워 대통령 후보와 닉슨 부통령 후보의 선거 포스터 (위스콘신 역사박물관).

1952년 11월 4일 대통령 선거를 앞두고 "코리아에 가겠다(I shall go to Korea)"라는 공약을 발표해 주목을 받았던 아이젠하워 후보는 당선자 신분으로 한국을 방문했다. 그에게 있어서 방한은 처음이 아니었다. 제2차 세계대전 영웅이었던 그는 1946년 여름 한반도를 방문한 적이 있었다. 1946년 방한 당시에 비해 1952년 방한은 큰 국제적 주목을 받았다. 많은 한국인들은 제2차 세계대전의 영웅 아이젠하워가 북진통일을 지지해줄 것이라고 기대했다.

아이젠하워 대통령 당선자는 전쟁 중이던 한반도에서의 신변위협을 고려해서 극비리에 한국행을 준비한 후 실행에 옮겼다. 한국시간으로 11월 30일 오후 뉴욕을 출발, 샌프란시스코와 하와이를 경유, 이오지마에서 1박 후 12월 2일 오후 7시 57분 김포공항에 도착, 미 8군 숙소로 향했다. 미 8군 사령부에서 이 대통령과 제1차 요담을 가졌다.

그는 12월 4일 오전 중앙청 광장에서 이 대통령이 주최한 아이젠하워 대통령 당선자 환영 시민대회에 참석하지 않았다. 대신 이 대통령과 클라크 국제연합(UN)군 사령관, 밴 플리트 미8군 사령관 등과 함께 중부전선의 군부대를 방문, 각국에서 파병한 군대를 사열했다. 이 때 이 대통령과 제2차 요담을 가졌다.

아이젠하워 대통령 당선자 방한 중 이 대통령은 북진통일 입장을 견지했지만, 아이젠하워는 "명예로운 정전"과 전쟁의 정치적 해결을 원하고 있었다.

1952.12.5. 경무대.

아이젠하워 미국 대통령 당선자를 접견한 이 대통령. 밴 플리트 미8군 사령관, 클라크 국제연합(UN)군 사령관이 보인다. 아이젠하워 당선자 옆의 인물은 참전 중이던 존 아이젠하워(John Eisenhower, 1922~2013) 소령으로 추정된다. 아이젠하워 당선자는 밴 플리트 사령관에게 한반도 전선의 전방에 있던 아들을 후방으로 배치해줄 것을 요청했다. 그 이유는 다음과 같았다.

"내 아들이 전사한다면 슬프겠지만, 나는 그것을 가문의 영광으로 받아들일 것입니다. 그러나 만약 존이 적군의 포로가 된다면 적군은 분명히 미국과 흥정하려고 들 것입니다. 나는 결단코 그런 흥정에 응하지 않을 것입니다. 그러나 사령관이 잘 알다시피 미국 국민들은 대통령의 아들이 적군의 포로가 되어 고초를 겪는 것을 용납하지 않고 '대통령의 아들을 구하라'고 외치며 나와 미국에게 [코리아에서] 적군의 요구를 들어주라고 압력을 가할 것입니다. 나는 그런 사태를 원치 않습니다."

아이젠하워 당선자는 이 날 오후 9시 1분 한국을 이륙하여 전쟁 중인 한반도 상공을 벗어났다. 괌으로 간 아이젠하워 당선자는 순양함 헬레나를 타고 미드웨이를 거쳐 하와이로 향했다. 아이젠하워 당선자는 이듬해 1월 20일부터 미국 제34대 대통령 임기를 시작했다.

(사진: 대한민국 외교부 정보국, 건국이념보급회)

1952.12.13. 김해공항 추정.

방한 중이던 제임스 밴 플리트 미 8군 사령관 부인 헬렌 밴 플리트가 임시수도 부산에 도착, 푸랜시스카와 함께 화동으로부터 환영의 꽃다발을 받았다. 밴 플리트 사령관과 브릭스 주한 미국대사(Ellis O. Briggs, 재임 1952.11.25~1955.4.12) 부인의 모습도 보인다.

1952.12.13. 부산 부민동 대통령 관저(추정).

대한민국 수호를 위해 6.25전쟁에 참전 중이던 아들이 실종된 헬렌 밴 플리트(Helen Moore Van Fleet, 1892~1984)의 방한을 환영하는 이 대통령과 푸랜시스카, 그리고 대한민국 주요 인사들.

밴 플리트 장군의 왼편으로 박현숙 무임소장관, 박술음 사회장관(연희대학교 교수 등을 지내다 휘문고보 제자였던 백두진 총리의 추천으로 사회장관에 발탁되어 UNCAC 등과 원조 협상 담당, 2011년 한국외국어대학교에 동상 설립), 백두진 국무총리 서리, 최용덕 공군참모총장(12월 1일 2대 공군참모총장 취임).

밴 플리트 부인과 푸랜시스카 사이 뒤쪽으로 김석관 교통장관. 푸랜시스카와 이 대통령 사이 뒤쪽으로 불교 승려 출신이었던 김법린 문교장관(추정). 이 대통령의 오른쪽으로 두 사람 건너 최재유 보건장관, 다시 두 사람 건너 서상환 법무장관. 맨 앞 앉은 줄 오른쪽부터 이철원 공보처장, 백선엽 육군참모총장, 한 사람 건너 콧수염을 기른 신태영(1891~1959) 제4대 국방장관 등의 모습이 보인다. 신태영은 1952년 3월 육군 중장 예편과 동시에 국방장관이 되어 1년 3개월간 재임했다. 국방장관 퇴임 후 대한민국제대장병보도회(大韓民國除隊將兵輔導會, 현 대한민국 재향군인회) 회장을 맡아 후방 방위를 맡았다.

1952.12.13. 부산 부민동 대통령 관저(추정).

헬렌 밴 플리트 방한 환영 모임에 참석한 이 대통령과 푸랜시스카, 그리고 여성계 인사들.

푸랜시스카 바로 앞에 1953년 6월 30일까지 초대 해군참모총장을 지낸 손원일 부인 홍은혜(해군 군가 "바다로 가자" 작곡). 앞줄 오른쪽 첫번째부터 김활란, 박마리아의 모습도 보인다.

헬렌 밴 플리트는 이화여대 총장 김활란과 컬럼비아대학 동창이라는 인연도 있었다.

(사진: 대한민국 국가기록원 나라기록관)

1952.12.16. 제주도 관덕정.

제주도 산업전시회에 참석한 헬렌 밴 플리트와 함께 동행한 푸랜시스카. 위의 작은 사진에는 이 대통령을 향해 몸을 숙이고 경청하고 있는 백선엽 육군참모총장의 모습이 보인다.

푸랜시스카는 6.25전쟁 참전 중이던 아들이 실종된 헬렌 밴 플리트의 방한을 각별히 챙겼다. 아들 밴 플리트가 어머니에게 보낸 편지 중의 일부는 다음과 같았다.

"'사랑하는 어머니에게! 눈물이 이 편지를 적시지 않았으면 합니다. 어머니 저는 자원해서 전투 비행 훈련을 받았습니다. B-24폭격기를 조종할 것입니다. 저는 조종사이기 때문에 기수에는 폭격수, 옆에는 항법사, 후미에는 기관총 사수가 함께 있습니다. … 어머니 저를 위해 기도하지 마십시오. 그 대신 미국이 위급한 상황에서 조국을 수호하기 위해 소집된 나의 승무원을 위해 기도해 주십시오. 그들 중에는 무사히 돌아오기만을 기다리는 아내를 둔 사람도 있고, 애인이 있는 사람도 있습니다. 저는 최선을 다할 것입니다. 그것은 언제나 저의 의무입니다. 그럼 안녕히 계십시오. 아들 짐 올림."

1952.12.16. 제주시.

제주도 신청사 낙성식에 참석한 이 대통령과 푸랜시스카. 11월 30일 준공되어 12월 16일 낙성식이 거행되었다. 밴 플리트 미8군 사령관 부부, 백선엽 육군참모총장 등이 동참했다. 위 왼쪽 사진에 제주도청사 발코니에서 제주도민을 향해 손을 흔드는 푸랜시스카와 헬렌 밴 플리트가 보인다. 당시 제주도 신청사는 6.25전쟁의 전황이 악화될 경우 임시 정부청사로 사용될 가능성에 대비해서 제주도 광양벌에 대규모로 신축되었다. 위 오른쪽 사진에 신청사의 전경이 보인다.

1952.12.17. 광주시.

이 대통령, 푸랜시스카 부부를 안내하고 있는 진헌식(陳憲植, 1902~1980) 내무장관(위 사진). 진헌식은 대한민국 임시정부 내무부 정치공작대 비서장, 대한독립촉성국민회 중앙본부 조사부장을 지냈다. 그는 제헌국회의원과 충청남도 도지사를 지낸 후 1952년 8월 29일부터 1953년 9월 9일까지 제10대 내무장관으로 재임했다. 이범석을 수장으로 하는 족청계(민족청년단)의 대표적 인물들 중 한 명으로서 비족청계 자유당 간부 박용만(전 경무대 비서관), 국무총리 장택상(신라회 대표) 등과 반목했고, 1953년 9월 10일 농촌 잡부금 문제가 불거진 신중목 농림장관과 함께 공직을 떠났다. 1953년 9월 12일 이 대통령의 족청계 축출 담화 이후 자유당은 이기붕, 이갑성, 배은희, 박용만 등 비족청계 중심으로 개편되었다. 진헌식은 이범석과 함께 자유당에서도 제명된다. 훗날 이범석은 국무총리 시절 이 대통령이 그를 내각책임제 하의 총리처럼 대해주며 "내 소신대로 권력을 행사할 수 있게 해주었다"고 회고했다.

아래 사진에서 군용기를 배경으로 경례하는 이 대통령과 밴 플리트 미8군 사령관이 보인다. 이 대통령 뒤로 푸랜시스카, 군용기 앞쪽에 방한 중인 헬렌 밴 플리트의 모습이 보인다.

1952.12.17. 광주시.

밴 플리트 부부와 함께 광주를 방문한 이 대통령과 푸랜시스카. 이을식(李乙植, 1906~2008) 전남지사(재임 1951.12.17~1953.11.22) 등이 수행했다. 1951년 4월에 부임한 밴 플리트 미8군 사령관은 한국군 10개 사단을 증편하고, 광주 상무대 발전에 크게 기여했다. 밴 플리트는 그리스 내전 당시 그리스 공산화를 막기 위해 그리스 정부군을 육성한 경험이 있었다.

1952.12.17. 전라남도 진도군 진도국민학교.

광주 방문 이후 전남 진도를 방문하여 이 대통령의 연설을 함께 경청하고 있는 사람들. 푸랜시스카의 뒷모습이 보인다.

사진 상단에는 "군민에게 강연하고 있는 이 대통령(진도) 국민학교정"이라는 설명문과 함께 단기로 4285.12.17이라는 일자가 표기되어 있다. 1948년 5.10총선에 의해 구성된 제헌국회는 다수결로 단기연호를 채택했었다.

진도는 대한민국에서 세번째 큰 섬으로서 1950년 8월 말 조선인민군에게 점령되어 약 2백 명의 양민이 학살당했다. 9월 28일 서울 수복 이후인 10월 5일까지 공산세력이 경찰 가족 등을 감금한 채 진도를 점령하고 있다가 10월 5일 경찰이 주도한 진도 상륙작전으로 수복되었다.

1952.12.24. 부산 부민동 대통령 관저(추정)

방한한 30대 개신교 부흥목사 그레이엄(Billy Graham, 1918~2018)을 접견하는 이 대통령. 그레이엄 목사는 크리스마스를 맞이하여 전쟁 중인 한국을 방문하여 이 대통령을 예방하고, 병사들과 함께 예배를 드렸다. 그레이엄 목사는 이후에도 여러 번 한국을 방문하여 대규모 집회에서 설교하여 한국에서도 유명 인사가 되었다. 그러나 그레이엄 목사가 6.25전쟁 발발 직후 트루먼 대통령에게 요청하여 조속한 미군 파병이 이루어졌다는 주장은 과장된 측면이 있다. 당시까지 그레이엄 목사는 트루먼 대통령을 만난 적도 없었다.

은퇴한 이후 트루먼 대통령은 "그는 미국의 모든 대통령들과 친하다. 나만 빼고… "라는 뼈있는 농담을 할 정도로 그레이엄 목사의 청년시절 쇼맨십을 별로 좋아 하지 않았다.

그레이엄 목사보다 트루먼 대통령에게 더 큰 영향을 미쳤던 인물은 트루먼이 부통령으로서 상원의장으로 있을 때, 상원 원목이었던 프레데릭 B. 해리스 목사였다. 해리스 목사는 이승만과 푸랜시스카가 1939년 하와이에서 워싱턴 D.C.로 활동지역을 옮긴 이후 파운드리 감리교회에 출석하던 당시 그 교회의 담임목사였다.

1952.12.24. 서울 동숭동 미8군 사령부

제임스 밴 플리트 미8군 사령관과 함께 미8군 교회의 성탄절 전야 예배에 참석한 이 대통령과 푸랜시스카. 백선엽 육군참모총장 부부도 참석했다. 미8군 사령부는 1954년까지 동숭동 서울대학교 건물을 사용하다가 용산으로 이전했다.

다음 날 25일 오후에는 밴 플리트 장군과 밴 플리트 부인이 차용하고 있던 이 대통령의 사저 이화장에서 김태선 서울 시장, 미 8군 주요 인사들과 함께 군경유자녀보육원 등 서울 시내 4개 고아원의 원아들을 초청하여 크리스마스 파티를 주최했다. 한국에서 크리스마스 문화는 가톨릭에 의해 처음 들어 왔지만 개신교를 통해서 더욱 널리 보급되었다.

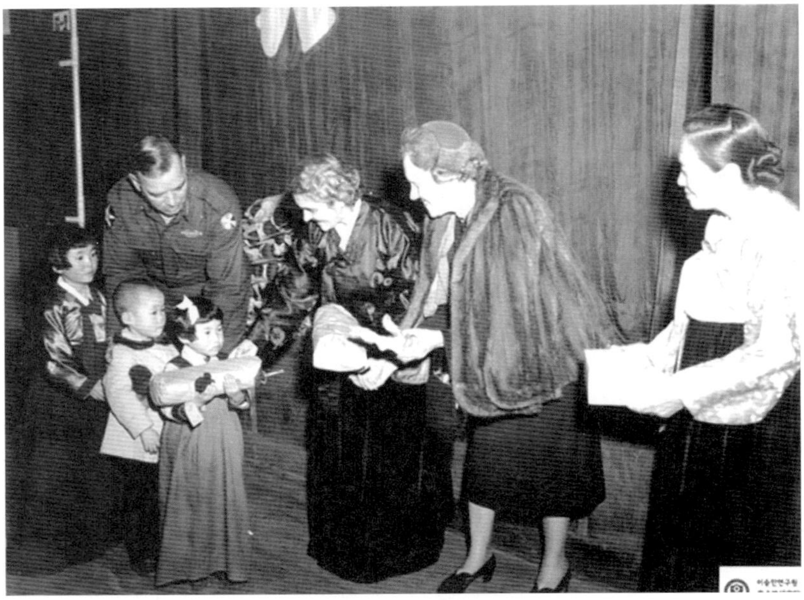

1952.12.31. 장소 미상.

밴 플리트 미8군 사령관 부부와 함께 고아원을 방문한 푸랜시스카. "아이젠하워 미국 대통령 부인 고아원 방문"으로 잘못 소개되기도 한 사진들이다.

1953.1.1. 부산 부민동 대통령 관저(추정).

신년하객들을 접견하는 이 대통령과 푸랜시스카의 모습으로 추정된다.

(왼쪽 사진: 대한민국 국가기록원 나라기록관)

1953.1.1. (추정). 부산 부민동 대통령 관저.

이 대통령과 푸랜시스카가 정부 요인들의 부인들로 보이는 여성들과 신년하례 후 기념촬영한 사진으로 추정된다. 사진 속 여성들의 이름은 확인되지 않았다. 푸랜시스카의 경우와 마찬가지로 대한민국을 위해 헌신한 여성들의 역사는 제대로 기록되지 못했다.

(사진: 대한민국 국가기록원 나라기록관)

1953년 연초 추정. 경무대 또는 부산 부민동 대통령 관저.

한국군 모범용사 초청 다과회에서 음식을 권하고 있는 프랜시스카.

1953.1.5. 도쿄로 가는 비행기 기내.

도쿄 주둔 마크 클라크 국제연합(UN)군 사령관 전용기 편으로 방일하는 이 대통령과 푸랜시스카.

이 대통령은 12년간의 대통령 재임 기간 중 1948년 10월 일본, 1950년 2월 일본, 1953년 1월 일본, 1953년 11월 중화민국(현재의 대만), 1954년 7월 말에서 8월 초 미국, 1958년 11월 월남(베트남) 을 방문했다. 이 중 1953년 중화민국(대만) 방문과 1958년 월남(베트남) 방문을 제외하고는 푸랜시스카가 동행했다.

일본은 1952년 4월 28일 샌프란시스코평화조약 발효에 따라 주권을 회복했지만, 국제연합(UN)군 사령부는 여전히 도쿄에 있었다.

한반도에서 6.25전쟁 정전이 논의되던 상황에서 향후 대한민국의 안전을 어떻게 보장할 것인가 하는 문제, 해양방위선 문제, 재일동포 문제, 재한일본인 재산 처리 문제 등이 쟁점이 되고 있었다. 미국과 도쿄 주둔 국제연합(UN)군 사령부는 물론 패전 이후 겨우 주권을 회복한 일본 정부에게 있어서도 이 문제들에 관한 이 대통령의 입장은 큰 관심사였다.

이 대통령의 방일 기간 중에 중국공산당은 베이징방송을 통해 이 대통령 일행의 일본 방문이 아시아인들끼리 서로 싸우게 하려는 미국의 압력에 따라 일본군 및 재일대한인을 한반도에 파병하기 위한 것이라는 선전전을 전개하고 있었다.

1953.1.5. 일본 하네다 공항.

공항까지 마중 나온 마크 클라크 국제연합(UN)군 사령관 부부와 담소를 나누는 이 대통령과 푸랜시스카. 백선엽 육군참모총장, 손원일 해군참모총장 등도 수행했다.

1952년 4월 28일 샌프란시스코평화조약이 발효되어 주권을 회복한 일본 측에서는 오카자키 가쓰오(岡崎勝男, 1897~1965) 외무대신 부부가 마중을 나왔다. 가쓰오 외무대신은 1945년 9월 2일 미주리호 선상에서 시게미쓰 마모루(重光葵) 외무대신이 항복문서에 서명할 당시 수행했던 직업외교관이었다.

이 대통령은 클라크 장군 관저에서 요시다 일본 신임 총리대신 및 오카자키 외무대신과 회담을 가졌다.

클라크 사령관은 그의 회고록(From the Danube to the Yalu)에서 "이 대통령과의 회담이 순조로운 경우는 이 대통령 부인(Madame Rhee)이 회담 전후에 한복을 입고 차와 케이크를 대접해줄 때"였다고 회고했다. 푸랜시스카를 기상관측계에 비유하기도 했다.

1953.1.5~7. 주일 대한민국 대표부 추정.

이 대통령과 함께 있는 푸랜시스카의 왼쪽에 김용식 주일 특명전권공사가 앉아 있다. 뒷줄에 손원일 해군참모총장, 문봉제 치안국장, 한 사람 건너 유태하 참사관의 모습이 보인다.

김용식(1913~1995)은 경남 용남군 서면(현 통영시 태평동) 출생으로 도쿄 주오(中央)대학을 졸업하고 1940년 일본 고등문관시험 사법과에 합격했다. 1946년 변호사 개업 후 1948년 변영태의 추천으로 외교부에 들어가 1949년 주 홍콩 총영사가 되었다. 1951년 2월 하와이 호놀룰루 총영사로 있을 때, 하와이에서 병원을 운영하던 양유찬에게 당시 부산 임시수도에 있던 이 대통령의 호출을 전했다. (이후 양유찬은 부산으로 와서 이 대통령을 면담하고 주미 대한민국 대사로 일해달라고 요청받았고, 병원 경영을 이유로 고사하다가 수락했다.) 김용식은 주 일본 대한민국 대표부 공사로 있는 동안 유태하 참사관과 갈등관계에 있었고, 결국 프랑스 공사로 자리를 옮기게 되었다. 훗날 대한민국 제10대, 제15대 외무장관, 제3대 국토통일원 장관 등으로 일했다.

유태하(1908~1981)는 1932년 초 와세다대학교 유학 중 치안유지법 위반으로 퇴학당한 독립유공자였다. 해방 후 외숙인 장택상의 추천으로 이승만의 개인비서가 되었다. 초대 외무장관 장택상과 함께 외무부에서 일하기 시작하여 인사과장, 비서실장, 정보국장으로 일했다. 1951년 7월 주일 한국 대표부 참사관으로 발령받아 1958년 10월에 공사, 그리고 1959년 3월에 대사로 승진했다. 그는 일본의 외교가, 언론계, 교민사회 등을 두루 접촉하며 작성한 "게릴라 리포트"를 비서를 통해 영어로 번역하여 이 대통령과 푸랜시스카에게 외교행낭을 통해 발송했다. 해외정보를 수집하는 별도의 기관이 없던 당시에 유태하 리포트는 경무대의 정책결정에 있어서 중요한 참고자료가 되었다. 이로 인해 유태하는 같은 일본 유학파 출신으로 일제 시기 다른 길을 걸었고, 그보다 나이가 적었던 김용식 공사와 자주 갈등을 빚었다.

(사진: 국정홍보처)

1953.1.6. 추정. 주일 대한민국 대표부 추정.

재일 여성 지도자들을 접견하는 푸랜시스카. 1월 8일에 촬영된 사진으로 알려지기도 했지만 이 대통령과 푸랜시스카 일행은 7일 일본을 떠났다.

1월 20일 출범 예정이었던 미국 아이젠하워 행정부는 한반도 6.25전쟁의 조속한 해결을 압박하는 쪽으로 방향을 잡고 있었고, 한일회담의 조속한 진전도 원하고 있었다. 1953년 1월 이 대통령의 방일을 계기로 한일국교정상화를 위한 두번째 한일회담이 1953년 4월 15일 도쿄에서 속개되었지만 이 대통령 임기 중에 한일 국교정상화는 이루어지지 못했다.

(사진: 대한민국 국가기록원 나라기록관)

1953.1.7. 오전 9시 경. 하네다 공항.

클라크 국제연합(UN)군 사령관 초청으로 방일 일정을 마친 이승만 대통령과 푸랜시스카 일행의 공항 환송식. 뒤에 보이는 클라크 장군 전용기로 9시 35분 하네다공항을 출발하여 6.25전쟁 중이던 한반도로 향했다.

이 대통령과 푸랜시스카를 환송하기 위해 클라크 장군을 비롯해서 머피 주일 미국대사, 웨이랜드 미 극동공군 사령관, 오카자키 가쓰오 일본 외무대신 부부 등이 공항에 나왔다. 프랜시스카의 뒷쪽으로 중절모를 쓴 인물은 문봉제 치안국장으로 추정된다. 그는 이 대통령과 푸랜시스카의 방일을 수행하며 경호를 맡았다.

문봉제(文鳳濟, 1915~2004)는 평안남도 개천(价川) 출생으로, 1938년 니혼(日本)대학교 전문부 경제학과를 중퇴했다. 1945년 11월 23일 신의주반공학생의거를 소련군이 기관총까지 동원하여 진압하는 것을 보고, 1946년 삼팔선을 넘어 월남하여 서북청년회 총본부위원장, 대한청년단 부단장 등으로 활동했다. 1951년 주일 교포 지도 책임자가 되었고, 1952년 9월 내무부 치안국장에 임명되어 재임 중이었다. 1957년 6월 이종림 장관의 후임으로 제6대 교통장관에 임명되어 1958년 9월까지 재임한다.

1953.1.9. 한국의 군부대(장소 미상).

밴 플리트 부부와 나란히 앉아서 누군가의 말을 경청하고 있는 이 대통령과 푸랜시스카.
이 대통령 뒤로 정긍모 진해 해군통제사령부 사령관의 모습도 보인다.

(사진: 국정홍보처)

1953.1.9. 경무대 추정.

밴 플리트 부부와 함께 한 이 대통령과 푸랜시스카. 밴 플리트 부인이 한복을 입고 있는 모습이 인상적이다. 방한 중이던 1952년 12월 1일 60회 생일을 맞았던 헬렌 밴플리트는 유엔의 집에서 열린 회갑연에서 한복을 선물받은 바 있었다. 한복을 입은 밴 플리트 부인과 이 대통령 사이에 서 있는 여성은 남편 손원일과 함께 초기 한국 해군 발전을 위해 헌신했던 홍은혜이다. 밴 플리트 부인은 1953년 1월 14일 항공편으로 한국을 떠났다.

(사진: 대한민국 국가기록원 나라기록관)

1953.1.26. 오후. 경무대.

미 8군 사령관으로 6.25전쟁에서 대한민국 수호에 크게 기여한 밴 플리트 (James Alward Van Fleet) 대장에게 건국 최고훈장이 수여된 후 축하 케이크를 들고 함께 기념촬영을 하는 푸랜시스카.

아이젠하워 신임 미국 대통령은 1953년 1월 20일 임기를 시작하고 3일만에 육사 동기생이기도 한 밴플리트 대장을 미8군 사령관직에서 해임했다. 후임에는 육군참모차장 맥스웰 테일러 중장이 임명되었다. 클라크 국제연합(UN)군 사령관의 경질설도 보도되고 있었다. 한반도에서의 전쟁에 대한 미국의 정책변화를 상징하는 것이었다.

(사진: 대한민국 국가기록원 나라기록관)

1953.1.26. 오후. 경무대

한국을 떠나기 앞서 대한민국 건국 일등공로훈장을 받은 미8군 사령관 밴 플리트 대장과 함께 한 이 대통령과 푸랜시스카. 이 날 다음과 같은 훈장들도 수여되었다.

- 태극은성훈장: 폴 W. 케달 중장, 렌벤 E. 젠컨스 중장, 아이작 D. 화이트 중장, C. E. 라이언 소장, 포 D. 아담스 소장.
- 을지금성훈장: 채스 W. 크리스텐버리 준장, 프랜시스 M. 데이 준장, 엘 홈스 진 준장, 죠지 마틴 준장.
- 을지은성훈장: 럿셀 T. 판 대령, 윌리엄 C. 베이커 대령, 존 T. 킬코인 대령, 로쓰 H. 라우드 대령, 로스웰페리 로젠그렌 대령, 프렌드 R. 히긴스 대령, 로버트 L. 라스필드 대령, 테스 D. 벨 대령, 리처드 D. 메이어 대령, 다니엘 P. 놀맨 대령, 루이스 J. 란아기 대령, 에드윈A. 워커 대령, 사무엘 E. 슈메이커 중령, 조지 W. 콥맨 중령.

(사진: 대한민국 국가기록원 나라기록관)

1953.1.26. 경무대.

아이젠하워행정부 출범 직후 전격적으로 한국을 방문한 콜린스(Joseph Lawton Collins, 1896~1987, 왼쪽의 작은 사진) 미국 육군참모총장과 동경에서 합류한 클라크 국제연합(UN)군 사령관을 접견하는 이 대통령과 푸랜시스카.

콜린스 장군은 이전에 여러번 한반도전선을 시찰했으나 이 대통령을 접견한 것은 이 날이 처음이었다. 프랜시스카 옆의 클라크 장군이 콜린스 장군으로 잘못 설명되고 있기도 한 사진이다. 푸랜시스카 옆에 앉아 있는 클라크 대장은 훗날 다음과 같이 회고했다.

> "지혜롭고 존경할만한 애국자인 대한민국 국가원수와 나의 관계는 미국이 정전 의사를 밝히기 전까지는 더할 나위없이 좋았다. 그러나 미국이 정전 의지를 굳힌 후 나는 비통함과 좌절감에 빠진 이 대통령으로부터 매를 맞는 소년의 처지로 전락했다."

(사진: 대한민국 국가기록원 나라기록관, 작은 사진: 미 육군 공공사진)

1953.1.31. 부산.

1월 30일 국제시장 대화재 다음날 부산시민들을 위무하는 이 대통령과 푸랜시스카. 1953년 1월 30일 설날을 앞두고 취객이 석유등불을 깨뜨리면서 시작된 불이 '빠락'(바락크, 1950년대 피난민들이 부산의 해변가나 하천변에 판자로 허름하게 지은 임시 건물)으로 형성된 국제시장과 남쪽에 인접한 창선시장, 신창동, 부평동까지 번지면서 불바다가 되었다.

부산 중구의 국제시장은 1945년 8.15해방 이후 한반도를 떠나는 일본인들이 미군의 반출 제한에 따라 버리거나 싼값에 넘긴 물품들, 징용이나 징병을 갔던 한국인들이 돌아오며 가져온 물품들을 교환하는 시장으로 발전했다. 1950년 6.25전쟁이 발발하고, 부산이 일본으로부터 들어오는 미군의 군수물자 수입항이 되면서 원조물자 및 밀수품들이 거래되기도 했다. 국제시장은 도떼기시장이라고도 불렸는데, 모아서 한꺼번에 매매한다는 뜻이 있다.

피난민들로 갑자기 인구가 밀집된 부산에서는 화재가 이어졌다. 같은 해 11월 27일에는 부산역전 대화재가 발발했다. 부산역전 대화재 발발 후 주한미군 제2군수사령관 위트컴(Richard S. Whitcomb, 1894~1982) 준장은 피해복구를 위해 군수물자를 지원했다가 미국 의회청문회에 소환되기도 했다.

(왼쪽 사진: 국정홍보처, 오른쪽 사진들: 대한민국 국가기록원 나라기록관)

1953.2.3. 서울 경무대.

어린이합창단과 함께 한 이 대통령과 푸랜시스카. 사진 속에 군복입고 있는 인물은 정달빈 정훈장교로 추정된다. 정달빈 대령은 목사 신분으로 군종장교가 아닌 일반장교로 입대해서 정훈장교가 되었고, 어린이합창단을 조직해서 국민의 애국심을 고양하는 한편 미국에서도 공공외교 활동을 전개했다. 그의 활동상은 '오빠생각'이라는 영화로 제작되기도 했다. 『푸랜시스카 사진의 한국사』 참고.

(사진: 국정홍보처)

1953.2.3. 장소 미상.

밴플리트 장군 및 신임 미8군 사령관 테일러(Maxwell D. Taylor) 중장 앞에서 강아지의 앞다리를 들어 올려 보는 프랜시스카.

테일러 신임 사령관은 한국어를 학습해서 1954년 4월 1일에는 이 대통령과 한국군들 앞에서 한국어로 연설하기도 할 정도로 학구적인 장군이었다. 그의 아들은 유명한 전기 작가가 되었고, 이승만 대통령에 관한 전기도 썼다.

(사진: 대한민국 국가기록원 나라기록관)

1953.2.11. 경무대.

한반도에서 6.25전쟁이 계속되는 가운데 이임인사를 하러 예방한 밴 플리트 대장과 함께 한 이 대통령과 푸랜시스카. 이 대통령의 편안한 옷차림은 둘 사이의 친밀했던 관계를 보여준다. 1월 24일 밴 플리트 대장은 미8군 사령관에서 해임되고, 후임으로 미 육군참모차장 테일러(Maxwell Davenport Taylor, 1901~1987) 중장이 임명되었다.

밴 플리트 대장은 이 날 여의도비행장에서 미국으로 떠나는 비행기에 올랐다. 미8군 사령부가 있던 동숭동 서울대학교 건물-원남동-중앙청-태평로-남대문-한강통-노량진-여의도비행장에 이르는 연도에 많은 한국인들이 도열하여 태극기와 성조기를 흔들며 환송했다. 밴 플리트 대장의 경질은 아이젠하워행정부의 6.25전쟁 조기정전 전략을 반영한 것이었다.

밴 플리트는 1월 대통령에 취임한 아이젠하워 신임 대통령과 미국 육사 동기였고, 제2차 세계대전 당시 상관인 패튼 장군으로부터 "자신이 거느려본 부하 장군들 중에서 가장 뛰어나다"는 찬사를 받기도 했다. 밴 플리트 대장의 전역에 즈음해서 트루먼 전 대통령은 "우리가 가졌던 가장 위대한 장군"이었다고 하면서, 자신이 그를 그리스와 코리아에 파견했고, 두 전선에서 모두 승리했다고 치하했다.

1953.2.12. 장소 미상.

6.25전쟁 기간 중 고아원을 방문하여 위문품을 전달하고, 고아들에게 음식을 먹여주고 있는 푸랜시스카.

1950년부터 1953년까지의 6.25전쟁 기간 중 약 10만명의 전쟁고아들이 생겨난 것으로 추정되고 있다. 이들 중 국제연합군 민간원조사령부(UNCACK)를 통해 관리되었던 전쟁고아만도 3만 5천 명에 달했다.

(사진: 국정홍보처)

1953.3.8. 오후. 경무대.

레이노(Paul Reynaud, 1878~1966) 전 프랑스 수상 일행을 접견하고 요담을 나누는 이 대통령과 푸랜시스카. 레이노는 1940년 3월에서 6월까지 프랑스 수상을 지냈다.

한반도 6.25전쟁에 지원병을 파병했던 프랑스에서는 조속한 한반도 정전을 요구하는 여론이 강했다. 한반도가 제3차 세계대전을 촉발시켜 유럽이 다시 열전에 휩싸이는 것에 대한 공포가 존재했다.

여의도공항에서 신임 미8군 사령관 테일러 장군의 환영을 받은 레이노 전 수상은 경무대 방문 이후 경비행기를 이용해서 참전 중인 프랑스대대를 방문하고 자유를 위한 헌신을 치하했다.

(사진: 대한민국 국가기록원 나라기록관)

1953.3.16. 경무대.

1952년 11월 미국 대통령 선거에서 패배한 민주당 대통령 후보 스티븐슨 2세(Adlai Ewing Stevenson II, 1900~1965)를 접견하는 이 대통령과 푸랜시스카.

미국 민주당은 한반도전쟁 상황 등으로 인기가 추락한 상태에서 대통령 선거를 치렀다. 일리노이주 지사였던 스티븐슨은 출마를 고사하면서, 민주당 예비선거에조차 나서지 않았다. 그러나 예비선거에서 민주당 후보가 정해지지 않자 트루먼 현직 대통령이 직접 정치력을 발휘하여 스티븐슨을 민주당 후보로 옹립했다. 민주당 후보가 된 후에도 스티븐슨은 지지부진한 한반도전쟁으로 인해 인기가 떨어진 트루먼 대통령과 가능한 거리를 두고자 선거사무소를 워싱턴 D.C.에 두지 않고, 일리노이주에 두었다.

아이젠하워 후보는 대통령에 당선되면 "코리아에 가겠다"라는 연설로 표심을 크게 움직였고, 1952년 당선 직후 방한했었다.

이 사진 촬영 당시 스티븐슨의 방한은 전년도 겨울 아이젠하워 당선자의 방한처럼 대중적 환영을 받지는 못했다. 미국으로 돌아간 스티븐슨은 3월 20일자로 한국에서의 환대에 감사한다는 서한을 이 대통령과 푸랜시스카에게 보냈다.

(사진: 대한민국 국가기록원 나라기록관, 작은 사진: 1952년 미국 민주당 대통령 후보 스티븐슨의 선거포스터, 공공사진)

1953.3.26. 경무대.

이 대통령의 78회 생신축하식에서 백두진 국무총리 서리의 축사와 이 대통령의 답사를 듣고 있는 푸랜시스카. 이 날 축하식은 9시 30분 경무대 앞뜰에서 진행되었고, 조병옥, 신성모 등도 참석했다. 백두진 국무총리 서리는 축사에서 "이 길일(吉日)을 기회 삼아 북진통일의 결의를 더욱 굳게하여 민족의 염원인 국토통일을 촉진시킴으로써 각하의 의도를 봉대실천하려고 맹서하는 바"라고 말했다. 백두진 국무총리는 재무장관을 겸임하면서 족청계를 중심으로 특권을 주었다는 비판도 받았다.

이 대통령은 "내가 그동안 몸을 앓아서 죽을 번 했는데 지금은 병이 나아서 이렇게 건강하니 공산당이 크게 실망할 것"이라고 말하여 웃음꽃을 피운 뒤, "이북동포를 구출하여 우리나라의 영구한 기초를 공고히 만들기로 노력해야 한다"고 역설했다.

(위 사진: 대한민국 국가기록원 나라기록관, 아래 사진: 연세대 이승만연구원)

1953.3.26. 정오. 경무대.

미국 펜실베니아주에 거주하는 존 카텔 어린이(당시 5년 6개월)가 이 대통령의 생일에 맞추어 한국의 가난한 소년에게 전달해달라고 보내온 10달라 지폐를 한국 소년에게 전달하는 푸랜시스카. 이 날 10달러 지폐를 전달받은 한국 소년은 종로구 통의동에 거주하던 13세 소년이었다.

이 대통령은 미국 소년에게 고마움을 표하는 답장을 보냈다. 미국 유학 시절과 미국에서의 독립운동 시절 이승만은 미국의 청소년들이 주는 작은 액수의 헌금도 소중하게 받아서 기록을 남겼다.

1953.3.26. 경무대.

이 대통령 제78회 생신을 기념하는 국무위원 등과 함께 기념촬영하는 푸랜시스카. 푸랜시스카의 오른쪽으로 백두진 국무총리 서리, 진헌식 내무장관, 서상환 법무장관, 최재유 보건장관 등의 모습이 보인다. 백두진과 진헌식은 이범석을 따르던 족청계 인사들로 곧이어 권력투쟁에서 밀려나게 된다.

이 대통령의 왼쪽으로 박현숙 무임소장관(숭의여학교 재건), 함태영 부통령, 김병로 대법원장, 두 사람 건너 신태영 국방장관, 그리고 마지막으로 박술음 사회장관 등의 모습이 보인다.

(사진: 연세대 이승만연구원)

1953.3.26. 경무대.

이 대통령의 78회 생신을 축하하기 위해 모인 사람들. 이 대통령 생일 사진에 등장하는 인물들의 모습과 변화상은 정치적 변화를 반영한다.

푸랜시스카의 오른쪽 인물은 3.1운동 33인 민족대표 중 한 명이었던 이갑성으로 추정된다. 세브란스의전을 졸업한 그는 청년층을 대표해서 33인 중 1인이 되었다. 1952년 국무총리 서리를 지냈다.

이 대통령의 옆에 더블버튼 코트를 입은 인물은 자유당 정무국장 양우정(1907~1975)으로 추정된다. 그는 일제 시기 와세다 대학교를 중퇴하고 독립운동을 하던 중 투옥되기도 했었다(작은 사진, 공공사진). 1953년 여당 국회의원이었던 그는 연합신문 주필 정국은(鄭國殷) 간첩 사건에 연루되어 역대 최초로 체포동의안이 통과되어 징역 7년형의 유죄판결을 받았다.

사진 맨 왼쪽으로 키가 큰 문봉제 정무 부국장이 보인다. 앞 줄에 정일권 중장(안경 쓴 군인), 백선엽 대장이 앉아 있다. 백선엽은 1953년 1월 31일 한국군 최초의 대장이 되었다. 1954년 2월 정일권과 이형근이 대장으로 진급하면서 이른바 "3대장 정립 시대"가 시작되었다. 이 대통령은 이 세 사람을 "나의 세 어금니(molar)들"이라고 부르며 총애했다.

부산 부민동 대통령 관저 대신 경무대에서의 행사들이 많아지면서 서울 환도설이 회자되기도 했다.

(사진: 대한민국 국가기록원 나라기록관)

1953.3.26. 경무대.

이 대통령의 생일을 축하하는 주한 외교사절단. 푸랜시스카 옆으로 브릭스 미국 대사 부인, 변영태 외무장관, 브릭스 대사, 푸랜시스카 맞은편으로 왕둥위안(王東原, 1898~1995, 작은 사진) 주한 중화민국대사 일행으로 추정된다.

장개석 국민당 군대의 장성 출신으로 항일전쟁 참전 경력도 있던 왕둥위안이 1951년 직업외교관 출신의 샤오위린(邵毓麟, 1909~1984)을 대신해서 대한민국 주재 특명전권대사로 임명된 것은 당시 중화민국과 대한민국의 군사적 협력관계를 반영한다. 장제스의 한반도 파병 제안은 받아들여지지 않았지만 양국의 안보협력관계는 긴밀했다. 왕 대사는 1961년까지 한국에서 봉직하며, 주한 외교사절단 단장을 맡아서 한국 정부와 자주 접촉했다.

(큰 사진: 연세대 이승만연구원, 작은 사진: 維基百科)

1953.3.30. 경무대.

이 대통령과 함께 재일본대한민국거류민단(민단) 대표 부인 일행을 접견하고 구호품을 전달받는 푸랜시스카. 1946년 10월 3일 독립지사 박열 등의 주도로 재일본조선인거류민단(在日本朝鮮人居留民團)으로 출범한 민단은 1949년 1월 주일한국대표부가 설치됨에 따라 재일본대한민국거류민단(在日本大韓民國居留民團)이 되었다. 1994년 '거류'라는 글자를 빼고 재일본대한민국민단(在日本大韓民國民團)이 되었다.

(사진: 대한민국 국가기록원 나라기록관)

1953.4.5. 한국군 제2군단 창설 1주년 기념식.

이 대통령 뒤로 푸랜시스카가 앉아 있다. 카이저 수염을 기른 신태영 국방장관, 갈홍기 공보처장, 미8군 사령관 테일러 중장 등의 모습이 보인다.

1953.4.5. 한국군 제2군단 창설 1주년 기념식

전투시범을 참관하는 이 대통령과 푸랜시스카.

(사진: 대한민국 국가기록원 나라기록관)

1953.4.10. 오전. 대구.

육군대학 제3기 졸업식에 참석한 이 대통령과 푸랜시스카.

이 대통령 오른쪽으로 주한 미8군 사령관 테일러 중장, 신태영(申泰英) 국방장관, 백선엽 육군 총참모장(추정), 푸랜시스카의 왼쪽으로 이응준 육군대학 총장, 1952년 7월 대구에서 창설된 국제연합(UN)군 코리아후방관구사령부(Korean Communications Zone, KCOMZ) 사령관 헤렌(Thomas Wade Herren, 1895~1985) 소장, 최용덕 제2대 공군참모총장, 갈홍기 공보처장 등이 서있다.

이 대통령은 이원장(李源長) 대령에게 우등상장을 수여하고, “한국군이야말로 극동에서 공산군 침략을 방지하는 군대”라고 훈시했다.

졸업식 참석 후 이 대통령과 푸랜시스카는 대구 공항을 출발 수영공항에 도착해서 부산 부민동 관저로 향했다. 부산에서 개최한 국무회의에서는 정전협상 문제와 한일협상 문제가 주된 안건이 되었다.

(사진: 대한민국 국가기록원 나라기록관)

1953.4.10. 오후. 부산 부민동 대통령 관저(추정).

갈홍기 공보처장(사진 왼쪽에서 두번째)에게 구호물자 186점을 전달하는 푸랜시스카. 이 물자들은 공보처 5급 이하 공무원들에게 분배되었다. 원조 물자 배분을 둘러싼 각종 의혹이 많았던 시절이었다. 푸랜시스카는 그녀를 정치적으로 공격하는 세상의 낭설들을 의식하며 더욱 검소하게 생활했다.

(사진: 대한민국 국가기록원 나라기록관)

1953년 경. 부산 부민동 대통령 관저(추정).

주한미군을 통해 전달된 CARE 구호상자의 담요를 꺼내 펼쳐 보이고 있는 푸랜시스카. 6.25전쟁 전재민에 대한 구호사업은 당시 푸랜시스카의 주요 관심사들 중 하나였다. CARE는 Cooperative for American Relief Everywhere의 약자로 제2차 세계대전 직후 미국 내 여러 민간단체들이 협력하여 구호물품을 담은 CARE 구호상자들을 전후 유럽에 보내는 활동으로 시작되었다. 한국에서의 CARE사업은 대한민국 독립 직후인 1948년말부터 1979년까지 지속되었다.

(사진: 한국국제보도연맹, 건국이념보급회)

1953.5.2. 경무대.

정부 요인들과 기념촬영을 하는 이 대통령과 푸랜시스카.

이 날 정례 국무회의를 서울에서 개최하기 위해 5월 1일 특별열차 편으로 국무위원들이 부산에서 서울로 이동했다. 백두진 국무총리가 국회에서 인준되고, 1953년도 예산안이 국회에서 통과된 이후 화기애애한 분위기에서 미군 연주자(푸랜시스카의 오른쪽)의 연주회도 있었다.

앞 줄 오른쪽 끝에 변영태 외무(수석 국무위원), 윤성순 교통, 갈홍기 공보처장, 신태영 국방, 박현숙 무임소, 김태선 서울시장 등의 모습이 보인다. 뒷줄 오른쪽 끝에 박술음 사회, 백두진 국무총리, 함인섭 농림, 그리고 뒷줄 왼쪽부터 서상환 법무, 최재유 보건 등의 모습도 보인다.

(사진: 국정홍보처)

1953.5.2. 경무대.

미군 음악인의 연주를 감상하고, 백두진 국무총리 등과 함께 기념 촬영하는 이 대통령과 푸랜시스카.

(사진: 대한민국 국가기록원 나라기록관)

1953.5.3. 논산.

육군 제2훈련소 창설 1주년 기념식에 참석한 이 대통령과 푸랜시스카. 훈련소 창설을 지원한 미8군 사령관 테일러 중장, 클락 군사고문단 단장 등이 동행했다. 아래 사진 왼편에 백선엽 야전군 사령관, 신태영 4대 국방장관, 아래 사진 오른편에 중화민국 군대에서 활약했고, 1951년부터 10년간 중화민국 대사를 지낸 김홍일(1898~1980, 1961년 5.16군사정변 직후 외무장관, 작은 사진, 공공사진), 제2훈련소장 이성가(李成佳, 1922~1975, 작은 사진, 공공사진) 소장 등의 모습이 보인다. 김홍일처럼 중화민국 군대 경력이 있던 이성가 소장은 1940년부터 1943년까지 남경중앙군관학교에서 학습했던 바를 대한민국 육군 교육에 적용하기도 했다.

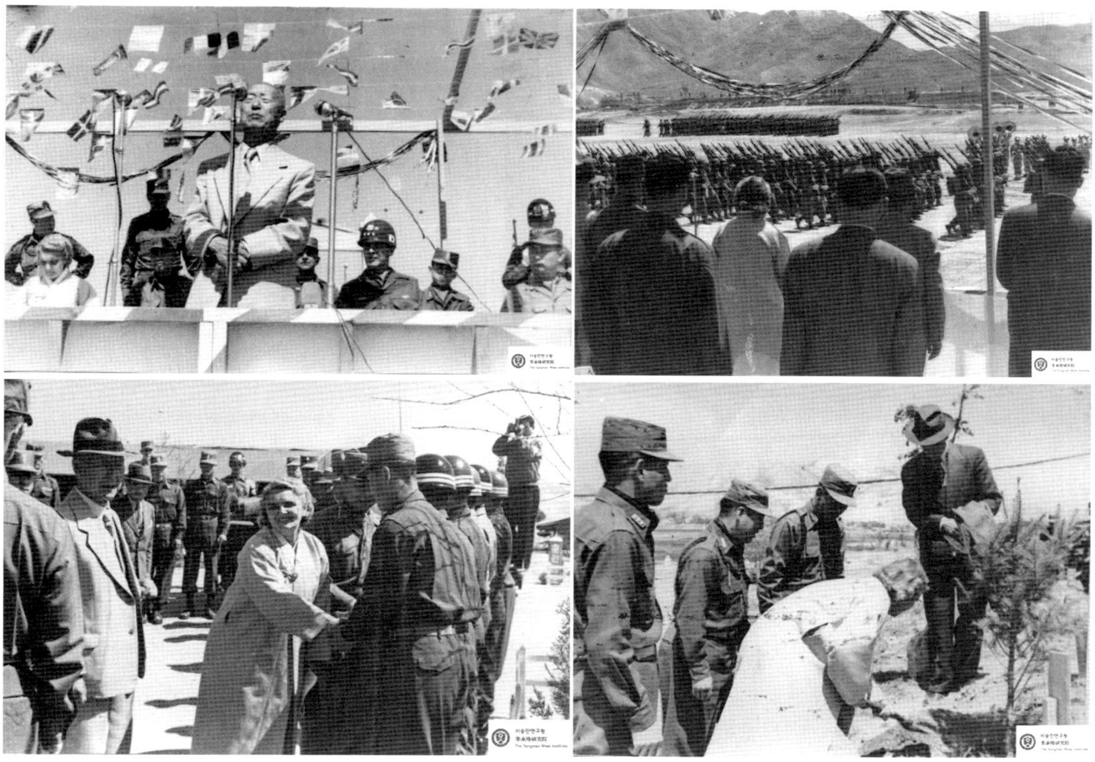

1953.5.3. 논산.

육군 제2훈련소 창설 1주년 기념식. 왼쪽 위 사진 푸랜시스카의 뒷편으로 훈련소장 이성가 소장, 이 대통령의 왼편으로 테일러 미8군 사령관, 백선엽 야전군 사령관이 보인다.

이성가 훈련소장은 독립운동가 이관석의 막내아들로 남경중앙군관학교를 졸업하고, 왕징웨이 군대 12군 인사참모 소교로 근무했다. 광복 후 최용덕이 이끌던 광복군 지대의 참모로 활동하다가 귀국하여 대한민국 국군에 입대했다. 1948년 여수 주둔 국군 14연대 반란사건 진압에 공을 세웠다. 제9대 국회의원(유신정우회)을 지냈다. 오른쪽 아래 사진은 푸랜시스카가 기념식수하는 모습이다.

1953.5.5. 오전. 중앙청 앞 광장.

6.25전쟁 중에 개최된 제24회 어린이날 기념식에 참석한 푸랜시스카. 이 날 푸랜시스카는 "아들 딸이 없는 나로서는 대한의 모든 어린이들이 나의 아들이요 딸이라 생각하게 된다"는 요지의 축사를 했다. 푸랜시스카가 후사를 원했던 이 대통령의 뜻에도 불구하고 자신의 생각을 끝까지 고수하여 이기붕과 박마리아의 장남을 입양하지 않았다면 그녀의 운명은 물론 대한민국의 현대사도 크게 달라졌을 것이다.

(사진: 국정홍보처)

1953.5.5. 중앙청 앞 광장.

제24회 어린이날 기념식에 참석하여 화동들로부터 꽃다발을 증정받고 축사하는 푸랜시스카.

(사진: 대한민국 국가기록원 나라기록관)

1953.5.18. 경무대.

가사교육용으로 여자고등학교에 재봉틀을 나누어주는 푸랜시스카. 경기, 무학, 창덕, 수도, 영등포, 숙명, 진명, 이화, 동덕, 배화, 성신, 상명, 덕성, 풍문, 중앙, 계성, 정신, 한성 등의 여학교들에 각 1대의 재봉틀을 전달했다.

위 사진 가운데 콧수염 기른 인물은 이익흥(1905~1993) 당시 서울시 부시장으로 추정된다. 평양고보를 졸업하고, 일본 규슈 대학 법과를 졸업한 그는 서울시 부시장을 역임한 후 경기도지사를 거쳐 1956년 5월 제13대 내무장관이 된다. 내무장관 시절 이익흥은 1955년 6월 15일 남한산성 서장대에 이 대통령의 만수무강을 기원하는 청동 봉황상(윤효중 작)이 있는 이승만 박사 송수탑 설립을 주도했다.

(사진: 국정홍보처)

1953.5.20. 경무대. 늦은 오후.

6.25전쟁에 참전 중인 육군 항공대 소속 비행기 조종사들을 격려하는 이 대통령과 푸랜시스카. 이 날 다과회에 초대된 조종사들은 200회 이상의 출격을 기록했다. 이 대통령은 "나도 젊었으면 항공대에 들어 갔을텐데… "라며 이들을 격려했다. 실제로 이 대통령은 미주 독립운동 시절부터 공군에 관심을 갖고 있었다.

이 날 다과회에 앞서 서울시가 주최한 환영회가 있었다. 두번째 줄 왼쪽 끝에 환영회를 주최했던 김태선 서울시장이 보인다. 환영회 10일 전 조흥구 대위는 520회 출격에서 순국했다. 429회 출격 기록을 가진 박청남 중위는 6.25전쟁 발발 당시 일본에 있다가 조국을 위해 참전한 학도의용병 출신이었다.

(사진: 대한민국 국가기록원 나라기록관)

1953.5.23. 영국 군함.

6.25전쟁에 참전 중인 영국 군함을 방문한 이 대통령과 푸랜시스카. 한반도 6.25전쟁 중에 50척의 영국 해군 선박과 1만 7천 명의 영국 해군이 참전했다. 위 사진 푸랜시스카의 왼편에 정긍모(鄭兢謨, 1914~1980) 진해통제사령부 사령관이 앉아 있다.

당시 영국의 처칠 수상은 이 대통령의 견고한 반공정책과 달리 적극적으로 공산진영과의 협상을 모색하고 있었다. 특히, 영국은 홍콩에 대한 영국의 국익을 중국공산당으로부터 인정받고자 했다.

1953년 5월 20일 프랑스 메이어(Rene Mayer) 수상은 미국의 아이젠하워 대통령에게 영국을 포함한 3대국(Big 3) 회의를 개최할 것을 제안했다. 처음 고려된 장소는 미국 메인(Maine) 주 프레스크 아일이었으나 처칠 수상의 주장에 따라 영국의 해외영토였던 버뮤다섬에서 1953년 12월에 개최되었다. 1945년 포츠담회담 이후 최대의 정상회담이었다.

당시 홍콩을 지배하고 있던 영국은 소련을 포함한 4국 정상회담을 추진하고, 중화인민공화국을 먼저 승인하려고 하면서 미국과 갈등을 빚었고, 한국과의 긴장도 고조되고 있었다. 1957년 조정환 외무장관은 "영국 상선이 북한을 출입할 것 같으면 우리의 전 국력을 다하여 일전을 불사하고라도 금지해야 한다"는 주장을 할 정도로 영국과의 관계가 악화되었다.

(사진: 연세대 이승만연구원)

1953.5.23. 경무대. "체로키 인디안 제독"

미국 제7함대장 조지프 클라크(Joseph James Jocko Clark, 1893~1971, 큰 사진에서 푸랜시스카의 왼쪽, 작은 사진) 중장을 비롯한 미국 해군장교들과의 다과회를 주최한 푸랜시스카.

동해 상에 설정되었던 클라크 라인은 조지프 클라크가 아니라 마크 클라크 국제연합(UN)군 사령관의 이름에서 유래된 것이었지만 공교롭게도 클라크가 지휘하는 제7함대가 클라크 라인의 수호를 맡았다.

조지프 클라크는 오클라호마 체로키 구역에서 성장하여 미 해군사관학교를 졸업한 최초의 아메리카 원주민이었다. 그는 1953년 12월 1일 4성 제독으로 퇴역한다. 퇴역 후 투자회사에서 일했던 그는 체로키 인디안 명예추장으로 위촉되기도 했다.

(작은 사진: 위키피디아, 큰 사진: 대한민국 국가기록원 나라기록관)

1953.5.28. 경무대.

이 대통령과 함께 기념촬영하는 푸랜시스카. 뒤에 있는 병풍은 현재 강원도 고성군 거진읍 이승만 대통령 화진포 기념관에 보존되어 있는 병풍과 동일한 것으로 추정된다.

(사진: 대한민국 국가기록원 나라기록관)

1953.5.28(왼쪽 사진). 경무대.

경무대 앞뜰에서 애견 해피를 돌보는 푸랜시스카. 그녀는 한국의 반려견 문화 보급에 큰 영향을 미쳤다.

(왼쪽 사진: 대한민국 국가기록원 나라기록관, 오른쪽 사진: 국정홍보처, 일자 미상)

1952년 3월에서 1953년 6월 사이 추정.

이 대통령, 신태영 국방장관, 변영태 외무장관 등과 함께 전방부대를 시찰하는 푸랜시스카.

신태영 국방장관의 임기는 1952년 3월 29일부터 1953년 6월 30일까지였다.

푸랜시스카가 맡았던 역할들 중에는 급증하고 있던 군대를 대통령과 함께 격려하는 일도 포함되어 있었다.

1953.6.9. 장소 미상.

미 제1군단 참전 1천일 기념 사열식에 참석한 이 대통령과 푸랜시스카.

푸랜시스카의 오른쪽으로 제1군단장 클락(Bruce C. Clarke) 소장, 이 대통령, 미8군 사령관 테일러(Maxwell D. Taylor) 중장, 유재흥 중장이 보인다.

1953.6.11. 경무대.

미국의 저명한 오페라 가수(소프라노) 몬로(Lucy Monroe, 1906~1987, 작은 사진)를 이 대통령과 함께 접견하는 푸랜시스카. 푸랜시스카의 애견이 화제가 되고 있는 듯 하다.

뉴욕 출신의 몬로는 뉴욕 양키즈가 자주 초청했던 가수였고, 매년 미국 야구 월드시리즈에서 국가를 불러서 "성조기 소프라노 가수(The Star-Spangled Soprano)"로 유명했다.

몬로는 9일 서울역에 도착해서 경무대를 예방했다. 경무대 예방 후에는 군 부대와 병원에서 위문공연을 했다.

(사진: 대한민국 국가기록원 나라기록관, 작은 사진: 공공사진)

1953.6.15. 장소 미상(진해 별장 추정).

53회 생일을 맞아 생일 축하 케이크를 나누는 푸랜시스카. 이 장소는 푸랜시스카가 사랑했던 진해 별장으로 추정된다. 왼쪽에서 세번째 백두진 국무총리의 모습이 보인다. 푸랜시스카의 생일을 맞이하여 여성단체와 여학교 등에서 옷을 선물할 계획이었으나 대통령 비서실의 축하행사 금지 담화문이 발표되어 중지되었다.

사진 오른쪽에서 세번째 외국인 여성은 푸랜시스카의 여비서 우들리(Phyllis Woodley, 오스트레일리아 출신)로 추정된다. 푸랜시스카의 오른쪽 뒤로 곽영주(郭永周, 1924~1961)의 모습이 보인다. 곽영주는 해방 후 수도경찰학교를 수료하고, 1947년 경무대 경비경찰로 들어가 이듬해 경무대 경찰서 경호대 경위로 승진했다. 1951년에는 경감으로 승진해 경무계장을 맡았고, 1956년 경무대경찰서 서장이 되었다. 1953년 6월 경무대 경찰서장은 서정학이었다. 곽영주는 승진을 거듭하다가 1960년 4월 경무대 앞 발포사건의 책임을 지고 물러났다. 5.16군사정변 이후 당시 내무장관 홍진기와 함께 사형선고를 받았고, 곽영주에 대한 사형은 집행되었다.

(사진: 대한민국 국가기록원 나라기록관)

1953.6.16. 경무대.

박술음 사회장관에게 구호금을 전달하는 푸랜시스카.

연희대학교 교수 등을 지내다 장관에 발탁되었던 박술음은 장관 퇴직 후 외국어대학교에서 후진 양성을 위해 헌신했다. 영어교육의 공로 등을 인정받아 2011년 한국외국어대학교에 동상이 세워졌다.

(사진: 대한민국 국가기록원 나라기록관)

1953.6.18. 이 사진이 이 날 촬영되었는 지는 확실하지 않음.

정전협상이 타결되어 가고 있던 1953년 6월 18일 이 대통령의 명(命)을 받은 헌병사령관 원용덕 중장(작은 사진)은 새벽 6시 다음과 같은 담화문을 발표했다.

> "본직(本職)은 단기 4286년 6월 18일 0시를 기해 관하(管下) 지휘관에게 한인(韓人) 애국포로수용소 접수를 명하였다. [중략] 이는 국제공법인 제네바협정 총칙 제12조에 의거하는 것이다. [중략] 몽매에도 잊지 못하는 북진통일을 전취(戰取)하려는 한민족의 자유권의 엄숙한 발동임을 내외에 선언하는 바이다. [중략] 이제 애국동포에게 고하노니 포로수용소 인근에 소재하는 부대, 경찰관 애국청년단 및 일반주민들은 본직이 지휘하는 헌병의 본임무 수행에 절대적인 협조가 있기를 요망… "

원용덕 헌병사령관의 담화문이 발표되기 앞서 한국 헌병들은 미군이 경비 중이던 수용소들의 전원을 끊고 철조망을 제거했다. 포로들은 전격적으로 수용소를 탈출했다. 수용소 부근의 주민들은 자유대한의 품으로 달려 나오는 조선인민군 포로들을 맞아들여 옷을 갈아입히고 침식을 제공했다. 탈출한 포로들을 다시 잡아들이기 위한 미군의 노력은 성공할 수 없었다.

이 대통령의 측근이었던 윤치영은 당시 원용덕 사령관의 역할을 "역사의 한 고빗길에서 한 인간이 스스로 자기의 맡은 바 역할을 좌고우면하지 않고 해내는 용기도 타고나야 된다"며 높이 평가했다. 원용덕은 국군 제14연대 반란사건 당시 박정희 구명에도 큰 도움을 준 것으로 알려졌다. 박정희는 그의 큰 딸 박재옥과 한병기의 결혼식 주례를 원용덕에게 부탁했다.

(사진들: 공공사진)

1953.6.25. 중앙청 앞.

"6.25 3주년" 기념식에 참석한 이 대통령과 푸랜시스카. 백두진 국무총리, 김병로 대법원장 등이 참석했고, 왕둥위안(王東原) 중화민국(대만) 대사가 대한민국 국민의 건투를 치하하는 기념사를 했다.

(사진: 대한민국 공보처)

1953.7.17. 한국군 제3군단.

한국군 3군단 군기 수여 및 부대 시찰을 위해 경비행기에서 내린 후 헬기로 이동하는 이 대통령과 푸랜시스카.
(사진: 연세대 이승만연구원, 대한민국 국가기록원 나라기록관, 대한민국 공보처)

1953.7.17. 한국군 제3군단.

3군단 군기 수여식에 참석한 이 대통령과 푸랜시스카. 손원일 국방장관, 백선엽 육군참모총장, 미 제10군단장 화이트 중장 등이 배석했다. 이 대통령이 강문봉 군단장에게 부대기를 수여하고, 손 국방장관은 강 군단장에게 태극무공훈장을 수여했다.

(위 사진: 국정홍보처, 아래 사진: 국정홍보처)

1953. 7. 17. 강원도 양구.

육군 3군단 산하 제20사단 부대 표창 및 사단기 수여식에 참석한 이 대통령과 프랜시스카. 손원일 국방장관, 백선엽 육군 참모총장 등이 보인다. 중동부전선의 선우고지(938고지)와 크리스마스고지를 방어하고 있던 한국군 제20사단은 1953년 6월 크리스마스고지 우측의 전초진지(M-1고지)로 공격해오던 중국인민지원군 제33사단으로부터 22번의 공격을 받고 16번 고지를 빼앗겼으나 20사단의 18번째 공격으로 고지를 탈환한 바 있었다.

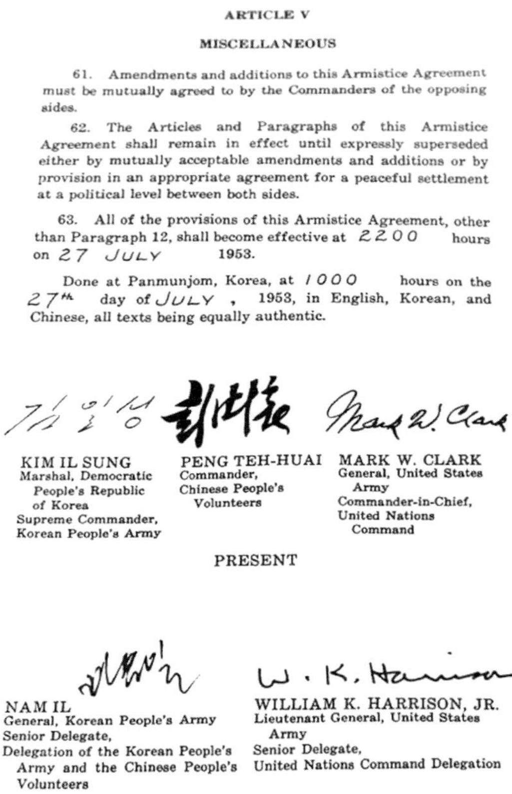

ARTICLE V

MISCELLANEOUS

61. Amendments and additions to this Armistice Agreement must be mutually agreed to by the Commanders of the opposing sides.

62. The Articles and Paragraphs of this Armistice Agreement shall remain in effect until expressly superseded either by mutually acceptable amendments and additions or by provision in an appropriate agreement for a peaceful settlement at a political level between both sides.

63. All of the provisions of this Armistice Agreement, other than Paragraph 12, shall become effective at 2200 hours on 27 JULY 1953.

Done at Panmunjom, Korea, at 1000 hours on the 27th day of JULY, 1953, in English, Korean, and Chinese, all texts being equally authentic.

KIM IL SUNG
Marshal, Democratic People's Republic of Korea
Supreme Commander, Korean People's Army

PENG TEH-HUAI
Commander, Chinese People's Volunteers

MARK W. CLARK
General, United States Army
Commander-in-Chief, United Nations Command

PRESENT

NAM IL
General, Korean People's Army
Senior Delegate, Delegation of the Korean People's Army and the Chinese People's Volunteers

WILLIAM K. HARRISON, JR.
Lieutenant General, United States Army
Senior Delegate, United Nations Command Delegation

1953.7.27. 한반도 6.25전쟁 정전협정

1953년 7월 27일 오후 10시를 기해 정전협정이 발효되면서 6.25전쟁이 정지되었다.

간혹 정전협정 서명란에 김일성 이름은 있고, 이승만 이름은 없다는 단순 대비를 통해 한국(군)이 정전협정 당사자가 아니라고 주장되곤 한다. 이 대통령이 안전보장도 없고, 통일도 이룩하지 못한 정전협정에 반대했던 것은 사실이다. 그러나 이 대통령의 서명이 없는 것은 정전협정에 반대했기 때문이 아니라 정전협정이 평화조약과 달리 국가원수들이 서명하는 것이 아니라 전장의 군사령관들이 서명하는 것이었기 때문이다.

군사령관들이 서명하는 정전협정문에 중화인민공화국 주석 마오쩌둥(毛澤東, 모택동)이나 미국 대통령 아이젠하워가 서명하지 않았듯이 대한민국 대통령 이승만이 서명할 이유는 없었다. 김일성이 서명한 것은 국가원수로서가 아니라 조선인민군 최고사령관(Supreme Commander)으로서 서명한 것이다.

(사진: 대한민국 국가기록원)

II

6.25전쟁 정전 이후 1954년 방미 이전까지

1953.7.27~1954.7.25

1953년 7월 27일 오후 10시를 기해서 정전협정이 발효되었지만 양측이 과연 정전협정을 준수할지는 불확실했다. 특히, 한국의 이승만 대통령은 "안전보장 장치가 없는 정전협정이란 대한민국에 대한 사형집행장과 같다"며 항의했다. 그 결과 1953년 7월 27일 정전협정 발효 12일 후인 8월 8일 한국을 방문한 존 포스터 덜레스 미 국무장관과 변영태 외무장관 사이에 한미상호방위조약이 가조인되었다.

6.25전쟁은 정지되었지만 북으로부터의 위협은 계속되었다. 이 대통령과 푸랜시스카는 폭격에 대비한 위장그물망이 쳐져 있던 경무대에서 국내외 인사들을 접견하며 전재민 구제와 전후 복구를 위해서도 힘을 쏟았다.

정전협정과 부속협정에 따라 양측은 전쟁포로(POW)를 교환했다. 1953년 6월 18일 이승만 대통령은 송환불원포로들을 전격 석방했지만 송환을 원하지 않는 포로들은 여전히 남아 있었다. 특히, 중국공산당이 파견한 중국인민지원군 포로 약 2만 명 중 3분의 2 이상이 송환을 원하지 않았다. 이것은 중국공산당이 주장하는 "지원(志願)"의 실상을 보여주는 것이었다. 공산측은 포로들 한 명 한 명을 상대로 설득의 시간을 갖게 해줄 것을 요구함으로써 비무장지대에서는 전대미문의 대규모 포로 설득전이 벌어졌다. 포로협상에 따라 자유 진영으로 귀환한 포로들 중에는 전쟁 초기 한국인의 밀고로 포로가 되었던 딘 소장도 있었다. 이 대통령과 푸랜시스카는 판문점으로 나가 이들을 맞이했다.

이승만 대통령이 강력히 요구했던 한미상호방위조약은 1953년 10월 1일 워싱턴에서 덜레스 국무장관과 변영태 외무장관에 의해 정식 조인되었다. 1954년 1월 15일 한국 국회에서는 신익희 국회의장의 기립표결 방식에 따라 한미상호방위조약을 만장일치로 비준했고, 같은 해 1월 26일 미국 상원에서도 81 대 6이라는 압도적 표차로 비준했다. 그러나 조약문에 따르면 조약이 발효되기 위해서는 양국의 비준서가 교환되어야 했다.

정전협정에 따르면 6.25전쟁 양측은 정전협정 발효 후에 정치회의를 개최하도록 되어 있었다. 이에 따라 한반도 문제와 인도차이나반도 문제를 함께 다루는 정치회의가 1954년 4월부터 6월까지 스위스 제네바에서 개최되었다. 이 대통령은 제네바회의에 참석한 한국 대표단을 서울에서 지휘했고, 제네바회의가 예상대로 결렬되자 1954년 7월 미루어 두었던 아이젠하워 대통령 초청 국빈 방미에 나섰다.

1953.8.8. 여의도비행장.

한미상호방위조약을 가조인하고 한국을 떠나는 덜레스를 환송하는 이 대통령과 푸랜시스카. 이 날 오전 경무대에서 이 대통령이 6.25전쟁 정전의 조건으로 요구한 한미상호방위조약 가조인을 마치고, 덜레스 국무장관은 이승만 대통령을 끌어안으며 다음과 같은 말을 남겼다. "이것은 당신과 당신의 나라에 대한 마땅한 존경의 표시이다. 이 조약은 여기서 죽은 우리 청년들의 피로 봉인되었다"(This is a mark of respect to you and your country for what it has stood for. It is sealed in the blood of our boys who have died here)라는 명언을 남겼다.

(왼쪽 위 아래 사진들: 대한민국 공보처, 오른쪽 사진: 건국이념보급회)

1953.8(추정). 장소 미상.

미8군 사령관으로 있다가 전역이 두 달 늦춰져 1953년 3월 31일 전역한 밴 플리트는 1953년 8월 한미재단 2차 민간원조사절단을 이끌고 방한했다. 1953년 한미재단은 한국의 여러 분야에 기부했는데, 푸랜시스카기금에도 기부했다. 6.25전쟁에서 미8군을 지휘하는 한편 한국군 육성 및 육군사관학교 발전에 크게 기여했던 그는 전역 이후에도 한국과 긴밀한 관계를 유지하며 다음과 같이 수시로 한국과 접촉했다.

1954년 5월 6일. 군사원조 문제 협의를 위한 아이젠하워 대통령의 특사 자격으로 내한.
1954년 7~8월. 이 대통령 방미 시 주요 행사 참석.
1955년 3월 26일. 이 대통령의 생일을 축하하기 위해 내한.
1955년 9월 23일. 한·미재단(American-Korean Foundation) 명예 이사장 자격으로 내한하여 육사 졸업식 등에 참석.
1956년 5월 5일. 구호주택 건설 상황 등을 시찰하고 5월 26일 귀국.
1957년 3월 25일. 제주도 개발 상황 등을 시찰.
1958년 2월 6일. 국제연합(UN)군 사령관 초청으로 내한하여 2월 26일 귀국.
1958년 9월 29일. 제주도 개발 상황 등을 시찰.
1959년 9월 22일. 경무대에서 문화훈장 대한민국장 수훈.
1960년 3월 24일. 이승만 대통령의 생일을 축하하기 위해 내한.

1953.8.15. 서울 중앙청 앞과 세종로.

6.25전쟁 정전 이후 처음 맞이하는 광복절 및 대통령 재취임 일주년 기념 행사에 참석한 이 대통령과 푸랜시스카. 뒤편에서 웃으며 손뼉치고 있는 브릭스 주한 미국대사의 모습도 보인다. "대한민국 주권하에 남북을 통일하자"라고 쓴 펼침막 아래 영어로 "INTEGRATE NORTH KOREA INTO THE REPUBLIC OF KOREA"라고 쓴 펼침막도 보인다. 대한민국 헌법이 명하고 있는 통일의 개념을 어떻게 이해하고 있었는지를 보여준다.

이 날 기념사에서 이 대통령은 자주국방, 우방과의 유대 증대, 자유국가 건설 등을 역설했다. 중앙청 앞에서의 기념식 이후 세종로에서 대한민국 국군 사열식에 참석한 푸랜시스카의 왼쪽으로 미8군 사령관 맥스웰 테일러 대장, 미 제5공군 사령관 앤더슨(Samuel E. Anderson) 중장, 함태영 부통령 등이 보인다. 이 대통령의 오른쪽으로 테일러 대장 부인으로 추정되는 서양인 여성, 백두진 국무총리가 보인다. 이 날 상공에서는 공군의 무스탕 전폭기 편대가 기념비행을 했고, 지상에서는 각 사단의 사단기를 선두로 포병대, 탱크부대, 해병대 등이 사열대 앞을 행진했다.

(사진들 왼쪽 위부터: 연세대 이승만연구원, 국정홍보처, 대한민국 공보처)

1953.8.15. 경복궁 경회루 추정.

광복절 및 대통령 재취임 1주년을 기념하여 변영태 외무장관 내외가 주최한 경축연에 참석한 푸랜시스카가 외빈들과 함께 서 있다. 뒷편에 유리잔을 들고 서있는 인물은 1953년 11월 국방차관에 임명되는 이호로 추정된다.

(사진: 대한민국 국가기록원 나라기록관)

1953.8.18. 서울운동장 풀장.

런던올림픽(1948)과 헬싱키올림픽(1952) 금메달리스트인 한국계 미국 대표 선수이자 주한 미군으로 근무했던 새미 리(Sammy[Samuel] Lee, 1920~2016)의 다이빙 시범을 관람하는 이 대통령과 푸랜시스카. 새미 리의 아버지 이순기는 재미한인 지도자들 중 한 명으로 임영신에게 이승만과의 결혼을 권유하기도 했었다. 이 대통령은 국빈 방미 중이던 1954년 8월 6일 로스엔젤레스에 있는 이순기의 묘소를 찾아 참배하기도 했다. 새미 리 소령은 1956년 아이젠하워 대통령이 멜버른올림픽에 파견한 3인의 대통령 특사들 중 한 명이 된다. 새미 리는 은퇴 후 의사가 되었고, 1988년 서울올림픽 다이빙 스타 루가니스(Gregory Louganis)의 코치, 평창 동계올림픽 유치 홍보대사 등으로 활동했다.

(사진들: 국정홍보처)

1953.8.31. 경무대.

미국 동물원으로 가는 한국 반달곰을 쳐다보고 있는 푸랜시스카. 1953년 초 강원도에서 한국군이 포획한 반달곰 한 쌍을 선물받고, 워싱턴 국립동물원에 문화외교 차원에서 기증했다.

이 대통령과 푸랜시스카는 워싱턴 D.C. 체류 당시 자택에서 보이던 국립동물원을 자주 찾았고, 당시 동물원장 윌리엄 만(William M. Mann, 1886~1960)과도 친분을 쌓았다 (『푸랜시스카 사진의 한국사』 참고).

이 반달곰은 1년 후인 1954년 여름 이 대통령과 푸랜시스카의 미국 국빈 방문 시 덜레스 국무장관이 주최한 만찬에서 말문을 여는 화제가 되기도 한다.

(사진: 국정홍보처)

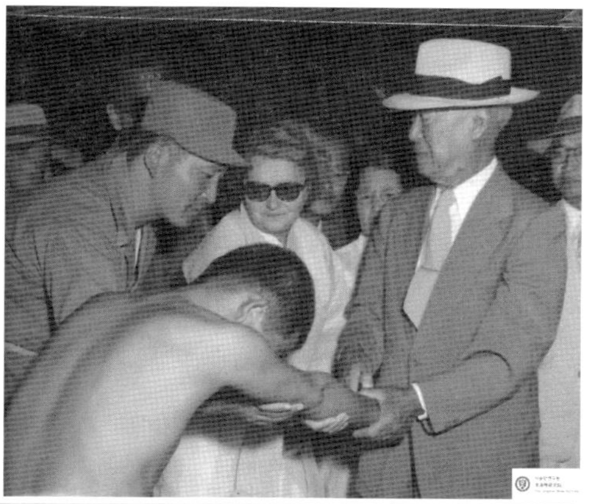

1953.9.3. 경기도 문산.

공산군의 포로가 되었다가 돌아온 한국군 귀환용사 환영식에 참석한 이 대통령과 푸랜시스카. 이들은 평안남도 승호리 강동수용소, 천마수용소 등에 수용되어 있다가 정전협정 체결 이후 공산군 포로들과 교환되었다. 송환을 선택한 조-중인민군포로들 중 일부가 국제연합(UN)군이 준 피복을 벗어 던지고 귀환한 것과 마찬가지로 이들도 조-중인민군들이 준 피복을 벗어버렸다.

1953년 8월 15일에서 9월 6일 사이에 본격적인 포로 교환이 이루어졌다. 공산진영으로 송환된 포로들은 75,823명(민간인 억류자 포함 북한행 70,183명, 중화인민공화국행 5,640명)이었다. 이 때까지 송환된 중국인민지원군 포로는 병상포로(sick and wounded prisoner)들을 교환할 당시 송환된 1,030명을 포함해서 6,670명에 불과했다. 중화인민공화국으로서는 자국 포로의 약 3분의 1정도만이 송환을 원하고, 14,594명의 포로가 송환을 원하지 않는다는 현실을 받아들이기 어려웠다.

조·중인민군 측이 남으로 송환한 포로들은 12,773명(한국군 포로 7,862명, 국제연합(UN)군 3,597명, 기타 1,314명)에 불과했다. 송환된 포로들을 평양에서는 "귀환병"이라고 불렀던 데 비해 서울에서는 "귀환용사"(歸還勇士)라고 불렀다. 귀환용사 명단이 일간신문에 연재되기도 했다. 이들은 과거 공산 측 포로들이 수용되어 있던 한산도 인근 용초도 포로수용소에 수용되어 재교육을 받았는데, 혹심한 정신적 트라우마로 인해 자살한 사람도 있었다.

1953.9.3. 경기도 문산. 자유촌(Freedom Village)

국제연합(UN)군 귀환용사를 격려하는 이 대통령과 푸랜시스카. 이 대통령과 악수하는 귀환용사는 러케이식(Anthoy J. Lukasik, Jr.) 미군 중사(SFC, sergeant first class)이다.

(사진: 미국 뉴욕의 김신환 장로 제공)

1953.9.4. 경무대.

구호물자 수령 및 전달식. 1953년 7월 27일 6.25전쟁이 정지된 이후 시급했던 문제는 전재민 구호였다. 미국 원조단체 CARE가 제공한 다섯 트럭 분량의 구호물자를 수령하여 6.25전쟁 고아와 전재민 대표들에게 전달하는 푸랜시스카. 서류를 들고 있는 김태선 서울시장 옆에 가려져 있는 인물은 갈홍기 공보처장으로 추정된다. 이 사진은 1953년 12월에 촬영된 사진으로 잘못 알려지기도 했으나 9월 4일 촬영된 사진이 맞다.

CARE는 Cooperative for American Relief Everywhere의 약자로 제2차 세계대전 직후 미국 내 여러 민간단체들이 협력하여 구호물품을 담은 CARE 구호상자들을 전후 유럽에 보내는 활동으로 시작되었다. 한국에서의 CARE사업은 대한민국 독립 직후인 1948년 말부터 1979년까지 지속되었다. 푸랜시스카가 열어보고 있는 캐어 구호상자는 미국 여성 클럽 연합(The General Federation of Women's Club of the United States)이 보낸 것이다.

(위 사진: 연세대 이승만연구원, 아래 사진: 대한민국 국가기록원 나라기록관)

1953.9.5. 딘 소장 환송식.

6.25전쟁 초기 포로가 되었다가 정전협정 체결 이후 귀환한 윌리엄 F. 딘 소장이 국제연합(UN)군 본부가 있던 도쿄로 떠나는 날, 환송식에 참석한 이 대통령과 푸랜시스카. 푸랜시스카 옆으로 클라크 국제연합(UN)군 사령관, 맞은편에 테일러 미8군 사령관, 그 옆에 손원일 국방장관 등이 보인다. 도쿄 병원에서 딘 소장은 '아메바성 적리' 진단을 받고 입원했다.

미군정 시기 군정장관을 맡는 등 한국과 인연이 깊었던 딘 소장은 1950년 대전전투 직후 후퇴하다가 한국인들의 밀고로 조선인민군의 포로가 되었다. 귀환한 딘 소장은 약 5달러의 돈을 받고 자신을 조선인민군에게 넘겨준 죄로 구속되어 있던 한국인 2명의 선처를 호소하기도 했다.

1953.9.19. 경무대.

경무대를 방문한 고아에게 선물하는 푸랜시스카. 대한민국 국가기록원 나라기록관의 사진설명에는 고아원 방문 사진으로 되어 있으나 배경의 건물은 경무대이다.

(사진: 대한민국 국가기록원 나라기록관)

1953.9.25. 강원도 철원군 김화

보병 제9사단을 시찰하는 이 대통령과 푸랜시스카. 강원도 철원군 김화읍은 1953년 펑더화이(彭德懷, 1898~1974) 중국인민지원군 사령원이 이승만 대통령의 6.18송환불원포로 석방조치에 대한 보복으로 7.13공세를 펼쳤던 곳이다. 한국군 1,701명 전사, 7,548명 부상에 더해 약 2천명이 포로가 되거나 실종되었다.

옷매무새가 좋아서 "댄디(dandy)"라고도 불렸던 손원일 국방장관, 테일러 미8군사령관, 한일협상 한국대표로서 일시 귀국 중이던 양유찬 주미 한국대사 등이 보인다. 이 대통령이 주미 한국대사 양유찬을 한일회담 대표로 임명한 이유는 그가 미국에서 대한독립운동에 참여했던 경력과 주일 연합군 최고사령부(SCAP)와 영어로 교섭할 수 있는 능력을 고려했기 때문이라고 보여진다. 1956년 부통령 선거를 앞두고 양유찬이 출마하여 이승만 대통령의 후계자가 되리라는 설도 회자되었다.

(사진: 연세대 이승만연구원)

1953.10.8. 대구공항에서 해인사(경상남도 합천군)가는 길.

헬기에 탑승한 이 대통령과 푸랜시스카. 그리고 대구공항에서 신현돈 경상북도 도지사와 인사를 나누는 푸랜시스카(위 사진).

이 대통령과 푸랜시스카는 6.25전쟁 당시부터 자주 군용 헬기를 이용하여 현장시찰에 나섰다. 군부대들이 있는 산골 등을 포함해서 전국 곳곳을 시찰하는데 헬기는 유용하지만 위험한 교통수단이었다. 다음과 같은 푸랜시스카의 헬기 탑승 소감문에는 호기심이 많고 담대했던 그녀의 성격이 읽혀진다.

"헬리콥터를 타는 기분은 비행기를 탈 때와는 또 다르다. 기체가 작고 잘 흔들려서 좀 불안하긴 하지만, 대신 주위의 사물을 관찰하는 데는 그렇게 안성맞춤일 수 없다. 시내를 나직이 날면 지나치는 집들이 어떻게 생겼는지, 그 속에서 무엇을 하고 있는지 모두 들여다 볼 수 있다."

(Francesca Diary, 1950.8.30)

1953.10.8. 경상남도 합천군 해인사.

팔만대장경 보관 장소로 추정되는 곳을 보며 감탄하는 표정의 푸랜시스카의 뒷편으로 테일러 미8군 사령관과 콜터 운크라 단장의 모습이 보인다. 오른쪽 사진에는 한미경제위원회 타일러 우드 박사, 브릭스 주한 미국대사 등이 이 대통령의 휘필(揮筆)을 주목하고 있다. 외국 인사들과 함께 하는 불교 사찰 관광은 기독교인이었던 이승만 대통령의 문화외교적 성격도 가지고 있었다. 타일러 우드 박사는 한국경제의 밑그림에 많은 영향을 미쳤다.

1953.10.8. 경상남도 합천군 해인사.

미8군 사령관 맥스웰 테일러 대장, 브릭스 주한 미국대사 부부 등과 각자 나무 지팡이를 짚고 휴식을 취하고 있는 이 대통령과 푸랜시스카. 테일러 대장에게는 "외교관 같은 장군"이라는 인물평이 있었다. 실제로 그는 미 육군 참모총장, 합참의장을 지낸 후 베트남 주재 미국대사가 된다. 그는 이승만 대통령 억제계획인 에버레디 플랜의 수립에 간여하기도 했었다. 그의 장남(John Maxwell Taylor)은 CIA요원으로도 활동했는데, 1960년 이승만 대통령 하야 직후 리차드 알렌(Richard C. Allen)이라는 필명으로 이승만에 대한 비판적 전기를 출간하여 영어권에 이승만에 대한 부정적 인상을 확산시켰다.

1953.10.15. 서부전선 장소 미상의 군 기지.

해병대 제2연대 군기 수여식에 참석한 이 대통령과 푸랜시스카. 이 대통령의 뒷편으로 손원일 국방장관, 푸랜시스카 뒷편으로 임흥순 민의원(民議院) 국방위원장, 박옥규 해군 총참모장의 모습이 보인다. 임흥순은 경무대 비서관 출신이었고, 박옥규는 6.25전쟁 당시 PF-62 압록함 함장으로 활약했다. 이 날 이 대통령은 "삼천리 금수강산을 지키라"고 연설했고, "기대에 부응하겠다"는 김동하 대령의 답사가 있었다. 이 날 수여식에는 한미협회 의장으로서 이 대통령의 독립운동을 도왔던 제임스 R. 크롬웰 전 캐나다 주재 미국 대사도 참석했다. 크롬웰은 미 해병대 출신이었다.

위 오른쪽 사진에서 지인용(智仁勇)이라고 휘필하는 이 대통령을 푸랜시스카와 신현준(申鉉俊, 1915~2007, 작은 사진) 소장 등이 보고 있다. 신현준은 1949년부터 1953년까지 해병대 초대 사령관을 지냈고, 이 날 금성태극무공훈장을 받았다. 여순사건에 투입되었던 고정식 해군 대위와 손원일 해군 사령관의 건의를 받아들인 이 대통령은 1949년 대통령령 88호로 해병대를 창설했다. 사령관에 임명된 신현준은 김성은, 김동하, 고길훈을 영입하여 해병대를 만들었다.

경북 김천 출신의 신현준은 황해도에서 유년기를 보내고, 1937년 정일권, 김석범, 김백일 등과 함께 만주국 봉천군관학교를 5기로 졸업하고, 간도특설대 장교로 복무했다. 이 때 박정희는 그보다 한 계급 아래였다. 해방 이후 광복군에서 편성한 평진대대에도 참여했다. 해방 후 인천상륙작전과 도솔산 전투 등에 참전해서 전공을 세웠다. 1961년 5.16군사정변 이후 예편하여, 세계반공연맹(현 세계자유민주연맹) 사무총장, 초대 모로코 주재 대한민국 대사를 지냈다. 독실한 가톨릭 교인이 되었던 그는 초대 바티칸 주재 대한민국 대사도 지냈다.

(사진들: 국정홍보처, 작은 사진: 공공사진)

1953.10.16. 서울운동장.

손원일 국방장관이 주최한 육해공군전몰장병합동추도식에 참석한 이 대통령과 푸랜시스카. 이 대통령은 "나라에 바친 그대들의 고귀한 희생은 우리나라의 역사에 길이 남을 것…. 유가족들은 얼마나 가슴 아프고 슬픔에 잠겨있으랴. 전사자들이 일궈 놓은 오늘날의 영광을 잊지말자"는 요지의 추도사를 했다. 이어서 신익희 국회의장, 백두진 국무총리, 테일러 미8군 사령관, 3군 참모총장, 정부 요인들이 영령들에게 헌화했다.

(사진들: 대한민국 공보처)

1953.10.17. 서울운동장.

오전 10시부터 대한체육회(회장 이기붕)가 주최하고 문교부가 후원하는 제34회 전국체육대회 입장식 및 개막식에 참석한 이 대통령과 푸랜시스카. 경기도, 강원도, 충청북도, 충청남도, 전라북도, 전라남도, 경상북도, 경상남도, 제주도, 서울특별시, 재일교포 순서로 입장했다.

이윤용의 사회로 진행된 이 날 개회식은 "환도한 서울에서 이같이 전국체육대회를 여니 감개무량" 하다는 취지의 개회사로 시작되었다.

이 대통령은 개회사에서 "건전한 정신과 체력을 육성하여 초비상시국과 국민의 의무를 다하라"고 훈화했다. 또한 정전협정에서 약속한 정치회의를 의식하여 "정치회담 같은 말로만 되는 일이란 우리에게 믿어지지 않으므로 우리 젊은이들은 힘을 길러 끝끝내 지지않을 결심으로 잘싸워서 성공해주기 바란다"고 격려했다.

이어서 김법린(金法麟, 1899~1964) 문교장관의 축사, 선수 대표 김성집의 "사나이답게 잘 싸우겠다"는 선서, 경기여중 합창단의 "학생올림픽의 노래", 해군군악대의 연주, 수도여고생들의 매스게임 등이 이어졌다.

김법린 장관은 불교 승려 출신으로 1919년 범어사에서 3.1만세운동에 동참했다. 이후 의용 승군을 조직하려다 여의치 않자 프랑스 유학을 떠나 철학을 공부했다. 일제 치하 한반도로 돌아와 만당(卍黨) 결성 사건, 조선어학회 사건 등으로 툭옥되었다. 해방 후 신탁통치반대국민총동원위원회 위원이 되었다. 1953년 유네스코 한국위원회 위원장, 1959년 원자력원장, 1963년 동국대학교 총장이 되었다.

남녀 각도 대표선수 약 6천명이 참가한 가운데 6일 동안의 대회가 개막되어 총 21종의 경기가 치러졌다. 남녀학생들의 기계체조(뜀틀, 안마, 철봉, 평균대, 링)를 시작으로 경기가 시작되어, 럭비, 축구, 권투, 사이클, 야구, 농구 등의 열띤 경기들이 이어졌다.

(왼쪽 사진: 국정홍보처, 오른쪽 사진: 대한민국 공보처)

1953.10.24. 오후 3시경. 경무대.

고아 및 극빈자들에게 벙어리장갑을 나누어 주고 있는 푸랜시스카. 촬영일자가 10월 23일이라고 잘못 알려지기도 했다.

푸랜시스카는 국제사회를 향해 코리아 전쟁고아 구제운동에 나서줄 것을 호소했고, 이에 호응하여 미국부인단체연합회 및 민간공업협회 측은 다량의 장갑을 푸랜시스카에게 보냈다.

약 열흘 전인 10월 13일 푸랜시스카는 이 대통령을 통해 여성단체의 총재, 명예회장 등을 일절 맡지 않겠다고 발표했지만, 이러한 구제활동은 계속했다.

(사진: 대한민국 국가기록원 나라기록관)

1953.11.13. 서울 정릉 경국사.

닉슨 미국 부통령 부부와 함께 불교 사찰을 방문한 이 대통령과 푸랜시스카. 왼쪽 사진에서 푸랜시스카가 닉슨 부통령 영부인 팻 닉슨(Thelma Catherine "Pat" Nixon, 1912~1993)을 주시하고 있다. 오른쪽 사진에서 두 사람이 대웅전을 관람하고 함께 계단을 내려오고 있다.

닉슨 부부는 다음 해인 1954년 7월 26일 푸랜시스카가 이 대통령과 함께 워싱턴 내셔널공항에 도착할 때 공항에 마중 나왔다. 이들의 국제적 친목은 1960년 4월 이 대통령의 갑작스런 하야, 그리고 1960년 11월 닉슨의 대통령 선거전 패배로 오래 지속되지는 못했다.

닉슨은 훗날 대통령 퇴임 후 발간한 회고록에서 방한 당시 이 대통령과의 면담에 관해 길게 서술했다. 이 대통령이 공산주의자들을 상대할 때는 예측불가능성(unpredictability)을 갖는 것이 중요하다는 점을 강조했는데, 그것은 공산주의와 대결하던 냉전시대에 있어서 노정치가의 지혜였다고 썼다.

경국사는 고려시대에 창건된 불교사찰로서 국가의 경사를 기원하는 의미를 갖고 있다. 대처승 대신 비구승을 지지하는 불교정화 관련 첫번째 유시(1954.5.20)에서 이 대통령은 이 절에 관해 다음과 같이 언급했다.

> "정릉에 있는 경국사 주지되는 김보현(金普現) 대사(大師)는 우리나라에 희귀한 사람이며 귀한 사람이다. 우리가 귀하게 여기지 않을 수 없는 것은 그 절이 들어가 보면 동구(洞口)에서부터 기지(基地)와 수림(樹木) 보유에 전력해서 싸워온 것을 볼 수가 있으니, 어떤 절에서는 주지라 하는 사람들이 국가공유물인 산림을 모두 작벌(作伐)해서 팔아먹었으며 사찰의 유물들을 파괴누락(破壞漏落)된 것을 하나도 돌아보지 않는 이런 시대에, 이 절에는 죽은 나무 하나도 베지 않고 보유해 두었으며 난리 적에 공산군이 이 집을 점령해야 된다는 것이 여러 번 있었으나 이 분의 말이 이 절에는 내 시체를 밟고 와야만 점령하게 될 것이라고 막고 왔으니, 절의 보살과 난등 깨어진 형체를 다 손으로 만들어서 고치기도 하고 새로 만들기도 해서 도서 그림 그린 것이 손으로 만들었으며 그 절 뿐이 아니라 다른 곳에서도 미술가를 요구할 때에는 이 중의 힘으로 만들어 놓고 있으며 서울 종로에 보신각(普信閣)을 단청(丹靑)으로 채색할 때에도 이 중의 손을 빌어서 한 것이다."

이 대통령은 이 유시를 시작으로 1955년 12월 8일까지 7차례의 불교정화 관련 유시를 발표하여 대처승 중심의 한국 불교가 비구승 중심으로 바뀌는데 결정적 영향을 미쳤다.

1953.11.27. 중화민국 타이베이.

1953년 11월 27일 이승만 대통령은 2박 3일 일정으로 타이베이를 방문하여 스린(士林, 아래 작은 사진, 저자 촬영, 2023.3.22)에 있는 장제스 총통 관저에서 머물며 회담했다. 변영태 외무장관과 방한 중이던 김홍일 중화민국 주재 한국 대사, 그리고 전 육사 교장 최덕신 소장(훗날 외무장관 역임 후 월북)가 수행했다. 장제스 총통 뒷편의 인물은 중화민국 외무장관 예궁차오(葉公超, George K. C. Yeh, 1904~1981)이다.

6.25전쟁 발발 이후 대통령의 동정에 관한 보도는 엄격히 통제되고 있었다. 이 대통령은 원래 중화민국 대사 김홍일이 귀임하면서 전달할 예정이었던 대한민국 최고훈장을 직접 장제스(蔣介石, 1887~1975) 총통에게 수여하고, 정상회담을 가졌다.

두 정상은 중화민국(대만)으로의 송환을 원하는 중국인민지원군 포로들에 대한 자유송환 원칙을 확인하는 한편 "미국과 같이 태평양 주변에 있는 국가들의 정신적, 물질적 지지를 받기를 열렬히 희망한다"는 공동선언을 채택했다. 변영태 외무장관은 진성(陳誠) 총리 등과 별도의 회담을 가졌다. 이 대통령의 타이베이 방문에 푸랜시스카는 동행하지 않았다. 따라서 사진에서 보이는 장제스의 부인 송미령과 푸랜시스카의 만남은 1949년 8월 장제스 단독의 진해 방한(『푸랜시스카 사진의 한국사』 참고)에 이어 다시 불발되었다.

(위 오른쪽 사진: 건국이념보급회)

1953.12.4. 경무대.

이화여자대학교 총장 김활란 박사로부터 명예 법학박사 학위를 받는 프랜시스카. 김활란은 1931년 콜럼비아대학교에서 박사학위를 받았다. 1952년 12월 콜럼비아대학교에서 수학한 미 8군 사령관 부인 헬렌 밴 플리트가 프랜시스카 보다 먼저 이화여자대학교에서 명예 법학박사 학위를 받은 바 있다.

프랜시스카의 뒤편에 한복입은 박 마리아의 모습도 보인다. 박 마리아는 1952년 이화여자대학교 문리대 학장에 취임했고, 1956년 부총장이 된다. 박 마리아의 남편 이기붕은 1953년 9월 12일 이 대통령의 담화 이후 자유당에서 이범석 등 8명의 족청계 지도자들이 축출되면서 자유당의 새로운 실력자로 떠올랐다. 이범석이 이끌던 족청계에 대해서는 무초 전임 대사를 비롯해서 미국 정부도 거부감을 갖고 있었다.

(사진: 국정홍보처)

1954.1. 서울 남산 예장동.

전몰 군경유자녀원(軍警遺子女園)에 선물을 전달하는 푸랜시스카. 군경유자녀원(軍警遺子女園)은 1952년 4월 1일 국방부 및 내무부 치안국의 주선으로 군인과 경찰 유자녀 69명을 돌보면서 시작되었다. 전몰군경유자녀는 영, 유아기(0~5세)때 아버지가 6.25전쟁에 참전하여 전사하고, 어머니마저 별세하거나 개가한 집의 자녀들이다. 경찰이었던 권응팔은 군경유자녀들을 돕기 위해 헌신했다.

전몰군경유자녀를 위한 교육사업은 1961년 제정, 시행된 "군사원호보상법"에 의해 좀 더 체계적으로 발전했다. 고아들을 위한 교육사업은 1990년 남산원으로 명칭이 변경되어 현재에 이르고 있다. 인근에 있는 유명 사립학교 리라국민학교도 이러한 교육사업의 일환으로 함께 발전했다.

이 교육사업은 1957년 "구두닦이 학교"(Shoeshine Boy's School)라고도 불린 서울소년직업훈련소(the Boy's Vocational Training Shop)로 확대되었다. 이 직업훈련소 출신으로 나중에 대학 교수가 된 전웅은 자신의 경험담을 『어두운 낮을 살았다』(2022)라는 회고록에 자세히 남겨 놓았다.

(사진: 연세대 이승만연구원)

1954.1.6. 저녁. 서울 신당동.

미 제5공군 사령관 앤더슨(Samuel Egbert Anderson, 1906~1982) 중장의 사저에서 열린 생일연에 참석한 이 대통령과 푸랜시스카. 손원일 국방장관 등이 수행했다. 이 대통령과 푸랜시스카는 앤더슨 사령관 생일연을 마치고 오후 11시 15분 경 경무대로 귀가했다. 앤더슨 사령관은 1953년 5월 31일 부임하여 약 1년간 재임했다.

미 제5공군은 6.25전쟁 직후 제공권을 장악하여 대한민국 수호와 공군 발전에 크게 기여했다. 1950년 12월 1일 사령부를 서울로 옮긴 이후 1954년 9월 1일까지 한반도에 머물렀고, 이후 일본 요코다 기지로 옮겼다. 미 제5공군은 6.25전쟁 기간 중 625,000회 출격하여 953기의 공산군 비행기를 격추시켰을 뿐만 아니라 백마고지 전투 등 많은 지상전투를 공중에서 지원했다.

앤더슨 중장은 배재중학교 1학년생으로 피아노 신동이라 불렸던 한동일(작은 사진, 위키피디아)의 미국 유학을 주선했고, 1954년 6월 미국으로 유학갈 때 자신의 전용기에 편승시켜주었다.

1954.1.25. 경무대.

구호의류를 전달하는 푸랜시스카. 옆에 서있는 인물은 갈홍기 공보처장이다. 공보처는 1956년 2월 8일 공보실로 개편되었다.

갈홍기(Hongkee Karl, 葛弘基, 1906~1989)는 경기도 강화군의 개신교 유지 갈형대(葛亨大)의 아들로 태어나 배재고등보통학교에 이어 연희전문학교 문과를 1928년에 졸업했다. 미국에서 신학을 공부한 후 목사가 되었고, 연희전문학교 및 감리교 신학교에서 강의했다. 일제가 상동교회를 폐쇄하고 세운 황도문화관 관장을 지내기도 했다.

해방 이후 숙명여대 교수를 거쳐 주일 대표부 참사관, 외무차관을 거쳐 1953년부터 1956년까지 공보처장, 공보실장을 역임하면서 이 대통령과 푸랜시스카 관련 기록물들을 많이 남겼다.

해외에서 대한독립운동을 했던 이 대통령은 그에게 있어서 대한민국을 위해 "장공속죄(將功贖罪)"의 기회를 준 큰 천막(Big Tent)같은 존재였다.

1954.2.11. 서울 명동성당.

가톨릭 뉴욕 대주교 스펠먼(Francis Joseph Spellman, 1889~1967)이 보낸 구호물자를 수령하는 이 대통령과 푸랜시스카, 노기남 가톨릭 서울대교구장.

스펠만 뉴욕 대주교는 6.25전쟁 중인 1951년부터 1953년까지 매년 성탄절 즈음에 방한하여 주한미군의 신앙생활 및 구호활동, 그리고 가톨릭교 전파를 위해 노력했다. 노기남(1902~1984) 가톨릭 서울대교구장은 1930년 사제 서품을 받은 이래 명동성당에서 봉직했고, 1942년 조선인 최초로 주교가 되었다. 신실한 가톨릭 신자였던 정치인 장면의 후원자이기도 했다.

(왼쪽 사진: 국정홍보처)

1954.2.12. 오산 미 공군기지. 평택시 송탄.

K-55 비행장에서 미 해병사령관 및 공군 장성과 함께 있는 이 대통령과 푸랜시스카.

6.25전쟁 중 미군은 오산시의 오산천 둔치(현재의 오산종합운동장 일대)를 임시 비행장으로 사용하다가 1952년 평택시 송탄에 약 2,700미터의 활주로를 정비하고, 공군기지를 조성했다. 평택으로 이전한 후에도 오산 공군기지(烏山空軍基地, K-55, Osan Air Base; Osan AB) 또는 오산비행장(IATA: OSN, ICAO: RKSO)이라고 불렸다.

1991년 필리핀 클라크 공군 기지가 폐쇄된 이후 태평양 지역에서 가장 큰 미 공군기지였다. 미국 태평양 공군 예하 제7공군의 본부이고, 한국 공군 작전사령부도 자리잡고 있다. 유사시 한반도 상공을 지키는 공군의 중심이자 미군의 한반도 항공 관문이다.

1954.2.13. 경무대.

시드니의 한·오스트레일리아 소사이어티가 보낸 구호물자를 수령하는 푸랜시스카. 언커크(UNCURK: the UN Commission for the Unification and Rehabilitation of Korea) 오스트레일리아 대표 크리츨리, 푸랜시스카 여비서 우들리(Phyllis Woodley, 오스트레일리아 출신)의 모습도 보인다.

크리츨리(Thomas K. Critchley, 1916~2009, 작은 사진)는 1947년부터 1950년까지 국제연합(UN) 인도네시아 위원회에서 활동하며 인도네시아가 네덜란드로부터 독립하는데 기여했고, 1952년부터 1954년까지 언커크 오스트레일리아 대표로 일했다.

(사진: 국정홍보처, 작은 사진: 공공사진)

1954.2.22. 진해항.

미 제7함대 구축함 선상에서 양국 해군 지휘관들과 함께한 이 대통령과 푸랜시스카. 미 제7함대 사령관 프라이드(Alfred Melville Pride, 1897~1988, 재임: 1953.12~1955.12, 작은 사진) 제독 등이 함께 했다. 이 대통령의 오른쪽에 서있는 박옥규 제2대 해군참모총장(재임: 1953.6.30~1954.11.1)이 보인다.

박옥규(朴沃圭, 1901~1971)는 1901년 전라남도 거문도에서 출생했다. 거문도는 1885년부터 1887년까지 러시아의 남진을 막기 위해 영국 해군이 점거하여 해군시설을 건설했던 곳이다. 일제 치하 조선총독부 교통부 고등해원양성소를 졸업하고 조선인 최초로 조선총독부 교통국에서 발행한 갑종선장 면허를 취득했다. 1952년 해군본부 인사국장으로 재임 중 고려호 선장이 되어 태평양을 건너 포틀랜드에 무사히 도착하여 고철을 하역하고, 원조물자를 싣고 귀국했다. 샌프란시스코항구에 들렀을 때 대대적인 환영행사가 개최되었다. 이 행사는 미국 순회공연 중이던 한국 어린이합창단도 함께 하여 더욱 감동적이었다.

1954.3. 서울시 재건주택 건설현장.

1953년 7월 27일 6.25전쟁이 정지된 이후 서울시에는 부흥주택, 재건주택, 희망주택 등 공영주택들이 건설되었다. 한국군과 미군의 공병대까지 투입되었다. 한국 회사가 국제연합 한국재건단(UNKRA: United Nations Korean Reconstruction Agency)이 제공하는 자재들을 사용해서 건립한 후 민간에 장기상환제로 판매했다.

국제연합 한국재건단(UNKRA)은 1950년 12월 1일 국제연합(UN) 총회 제314차 본회의에서 통과한 410(5)호 결의에 따라 코리아 재건을 위한 목적으로 설립되었으나 본격적으로 활동을 시작한 것은 1953년 7월 27일 정전협정 체결 이후였다. 1958년 7월 1일 활동을 종료할 때까지 약 1억 2천만 달러 상당의 물자를 한국에 지원했다.

1953년 아이젠하워 대통령의 요청으로 전후 재건 사업을 위해 웹 앤 냅(Webb & Knapp) 대표 제켄도르프(William Zeckendorf, 1905~1976)가 한국을 방문하기도 했다. 훗날 파리 루브르 박물관 앞 유리 피라미드 등을 설계하는 건축가 페이(I. M. Pei)가 이 회사에 있으면서 조립식 다층건물을 한국에 보급하는 계획을 세웠다. 한국형 후생주택 설계기사로 선정되었던 강명구도 록펠러재단의 도움으로 뉴욕에 파견되었다. 이 대통령은 1954년 8월 6일 국빈 방미 일정 중에 제켄도르프의 회사를 방문하고, 그가 주최하는 만찬에 참석한다.

1954.3.8. 장소 미상.

구호금을 전달하는 푸랜시스카. 6.25전쟁 이후 대통령 영부인으로서 그녀가 감당해야 했던 주요 활동들 중 하나는 구호활동이었다.

1954.3.13. 경기도 파주군 금촌(金村)읍.

한국 해병 1여단 군기 수여식에 이 대통령과 함께 참석한 푸랜시스카. 항공편을 제공한 미 해병 제1사단 페이트(Randolph McCall Pate, 1898~1961) 소장도 보인다.

페이트 소장은 1953년 6월부터 미 해병 1사단장을 맡았고, 대한민국으로부터 태극무공훈장을 받았다. 이후 1956년부터 3년간 제21대 미 해병대 사령관으로 봉직한다. 1954년 2월 1일 대한민국 해병 제1여단이 창설되어 파주군 금촌면에 주둔하면서 서부전선 및 수도권 방어 임무를 수행하자 1954년 3월 3일 미 해병 제1사단은 지역 작전권을 인계했다.

이 날 이 대통령은 꽃실로 무늬를 놓아 제작한 여단기를 신현준 여단장에게 수여했다. 손원일 국방장관, 박옥규 해군 총참모장 등이 수행했다. 손 국방장관은 한국 해병 1여단 창설에 공이 많은 한국해병여단 수석고문 와일드 대령에게 을지무공훈장을 수여했다.

1954.3.13. 미 해병 제1사단.

위 사진에서 이 대통령의 오른쪽에 페이트(Randolph M. Pate) 소장이 보인다.

1954.3.21. 강원도 인제군 남면 관대리. 미 10군단 비행장.

한국군과 미군의 군사분계선 경계 임무 인수인계식에 참석한 푸랜시스카. 그녀의 왼쪽으로 미8군 사령관 테일러(Maxwell D. Taylor) 대장, 미 10군단장 클락(Lt. Gen. Bruce C. Clarke, 오른쪽 사진에서 푸랜시스카를 안내하고 있는 미군 장성) 중장, 이 대통령의 오른쪽으로 백선엽 제1야전군 사령관이 서있다.

미 제10군단은 1953년 7월 27일 정전협정 발효 이후 한국군 1, 2, 3군단 및 기타 한국군 사단들에 대한 통합지휘권을 가짐으로써 제10군단 군(群)이라 불렸다. 1953년 12월 15일 한국군 제1야전군(FROKA: First Republic of Korea Army) 사령부가 창설되어 3개월의 훈련 끝에 1954년 3월 15일 인수인계가 이루어질 예정이었으나 날씨가 좋지 않아 이 날로 연기되었다. 1954년 2월 13일까지 육군참모총장으로 있던 백선엽 대장이 1954년 2월 14일부터 한국군 제1야전군 사령관을 맡았다. 제1야전군 사령부 본부는 1954년 5월 원주에 두었다. 제1야전군은 1973년 7월에 창설된 제3야전군이 경기도 지역 업무를 분담하기 전까지 군사분계선 경계업무를 담당했다. 제2군 사령부는 1954년 대구에서 창설되어 KCOMZ(코리아 후방관구사령부)의 업무를 인계받았다.

1954.3.21. 강원도 인제군 남면 관대리. 미 제10군단 본부.

군사분계선 경계 임무 인수인계 축하 케이크를 나누는 이 대통령과 푸랜시스카. 푸랜시스카의 왼쪽으로 손원일 국방장관, 클락 미 10군단장, 이 대통령의 오른쪽으로 테일러 미 8군 사령관, 백선엽 제1야전군 사령관이 보인다. 작은 사진에서 푸랜시스카가 클락 중장에게 케이크를 나누어 주고 있다.

1954.3.26. 경무대.

이 대통령의 79세 생일에 어린이들과 함께 기념촬영하는 푸랜시스카. 사진 왼쪽에 어린이들 옆으로 걸어오는 김장흥 경무대 경찰서장의 모습이 보인다. 김장흥(1908~1958)은 1954년 3월까지 경무대 경찰서장으로 있다가 내무부 치안국장(1950년대~1960년대의 이사관급 경찰총수)으로 승진했다. 1956년 5월 15일 제3대 대통령 선거와 제4대 부통령 선거를 치른 이후 강원도 지사에 임명되었다.

일자 미상, 장소 미상

브릭스 (Ellis O. Briggs, 1899~1976) 주한 미국 대사와 함께 한 이 대통령과 푸랜시스카. 1952년 11월 25일부터 시작된 브릭스 대사의 임기는 1955년 4월 12일까지 지속되었다.

전형적인 직업 외교관이었던 브릭스 대사는 이 대통령 부부와 깊은 교분을 유지하면서도 적지 않은 마찰을 빚었다. 특히, 당시 미 국무장관 덜레스는 일본을 재무장시켜 소련을 비롯한 공산진영의 위협에 대응하고자 했는데, 덜레스의 이러한 훈령을 따르고 있던 브릭스 대사는 일본군 보다 한국군의 증강이 우선되어야 한다는 소신을 갖고 있던 이 대통령과 부딪쳤다.

1954.4.1. 농업은행.

농업은행 개업 기념식에서 훈시하는 이 대통령. 다리를 겹치고 편안한 자세로 경청하고 있는 이기붕 대한체육회 회장의 모습이 보인다. 1953년 말 이범석의 족청계 축출 이후 이기붕은 자유당 내 최고 실력자로 떠올랐다. 1954년 6월 9일부터는 민의원 의장으로도 활동했다.

이 날 푸랜시스카가 동행했는 지 여부는 확인되지 않았다. 푸랜시스카는 부부가 동반해야 모임이 건전해진다고 강조하곤 했지만 항상 이 대통령과 동행했던 것은 아니다.

1954.4. 장소 미상.

해병 제1여단 시찰 차 미군 헬기에서 내려 신현준 소장으로 추정되는 인물과 악수하는 푸랜시스카. 이 대통령을 수행 중인 손원일 국방장관의 모습도 보인다.

1954.4.7. 경무대.

어린이들의 국악 공연을 관람하는 이 대통령과 푸랜시스카.

(사진들: 대한민국 국가기록원 나라기록관)

1954.4.9. 경주 불국사.

경주 국립공원 설치에 대한 실정을 조사하기 위해 시찰 중인 이 대통령. 신현돈 경상북도 도지사와 내무부 건설국장, 그리고 정일권 육군 참모총장 등이 수행했다. 이 대통령은 6.25전쟁 정전 무렵 강원도 양양의 낙산사를 복원하기 위해 군의 역량을 투입하기도 했었다.

이 대통령은 경주의 유적을 잘 보존하여 외국인들에게 관람시켜야 할 것이라고 훈시하였다. 이 날 푸랜시스카의 동행 여부는 확인되지 않았다.

(사진: 건국이념보급회)

1954.4.13. 오후. 경무대

미국 제약회사 스큅&선스(E.R. Squibb and Sons) 대표 다니엘 리로부터 구호약품을 수령하는 푸랜시스카. 최재유 보건장관의 모습도 보인다.

구호약품들은 임산부용 보혈제 해매트니크, 다이아진 등이었다. 대한민국 보건부는 1955년 2월 16일 사회부와 통합, 보건사회부가 된다.

1954.4.19. 경기도 김포공항.

정전협정에 따른 정치회의에 참석하기 위해 제네바로 출국하는 한국 대표단(단장 변영태, 오른쪽에서 세 번째). 스스로를 중립국이라고 주장하던 소련은 1954년 2월 18일 입장을 바꾸어 1954년 4월 26일부터 제네바 정치회의에 참석하여 코리아문제와 인도차이나문제를 다루는데 합의했다. 한국 정부는 제네바정치회의 직전까지 참가 자체를 보이콧하는 입장이었다. 외무장관 변영태는 전쟁을 일으킨 공산 측이 정전협정 60항에서 "한 급 높은 정치회의"를 "운위(云謂)한 것은 [전쟁책임에 대한] 색책[塞責: 책임을 면하기 위하여 겉으로만 둘러대어 꾸밈]으로 한 소리"라고 보았다.

한국대표단은 변영태 외무장관을 수석대표로 하고, 임병직 국제연합(UN) 대사(전 외무장관, 작은 사진, 1953년 미국에서 한국 구호금 모금 장면, 김신환 제공)와 양유찬 주미 대사도 합류했다. 미국에서 출발한 임병직 대사와 양유찬 대사가 먼저 제네바에 도착해서 회의를 준비했다. 오랫동안 이승만 대통령의 자문을 맡았던 로버트 올리버는 대표단의 고문으로 활동했다.

한국에서 출발한 변영태 수석대표, 홍진기(洪璡基) 법무차관, 최정우(崔挺宇) 교수, 이수영 외무부 정보국장, 한유동(韓有東) 외무장관 비서실장, 손병식(孫秉植) 외무부 의전과장, 류호룡(柳浩龍) 속기사, 이주범(李柱範) 한글타자원 등은 현지 시각으로 4월 23일 금요일 오후 2시 제네바에 도착했다. 조정환(曺正煥) 외무차관은 제네바정치회의 국내대책반을 맡아 활동했고, 브릭스(Ellis O. Briggs) 주한 미국 대사도 서울에서 지원했다.

(큰 사진: 연세대 이승만연구원)

1954.4.27. 오전. 경무대

이 대통령과 푸랜시스카는 이 날 왕둥위안(王東原, 1898~1995) 주한 중화민국 대사의 안내로 경무대를 예방한 유핑(于斌, Yu-Pin, 1901~1978) 총주교(總主教)를 접견했다. 유핑 총주교는 신학, 철학, 정치학 3개 박사학위를 받은 중화민국 천주교의 대표적 인사였다. 1940년 9월 충칭의 한국광복군 총사령부 성립식에 참석하여 축사를 하기도 했던 유핑은 1950년대 한국을 여러 번 방문했다. 타이베이의 국제문화교류협회장을 맡아 약 1천명의 학생들을 미국으로 유학시켰다. 1969년 중국인으로서는 두번째로 추기경이 되었다.

대한민국과 중화민국(현재 대만)은 동맹관계는 아니었지만 특수관계라고 할 정도로 친밀했다. 양국은 종교의 자유를 포함한 자유민주주의라는 공통적 국가정체성을 갖고 있었고, 공산주의 위협의 최전선에 있다는 공통점이 있었다.

(왼쪽 사진: 대한민국 공보처, 오른쪽 사진: 공공사진)

1954.5.3. 장소 미상.

미 해병 1사단장 페이트(Randolph M. Pate) 소장과 함께 어린이들과 기념촬영하는 이 대통령과 푸랜시스카. 제25회 어린이날을 앞두고, 5월 8일까지 아동애호주간이 선포되었다.

뒷편으로 손원일 국방장관의 모습도 보인다. 이 대통령은 12개월 간의 한국 복무를 마치는 페이트 소장에게 5월 7일 태극 무공훈장을 수여한다.

1954.5.5. 창경궁.

25회 어린이날을 맞이하여 아동애호주간이 선포된 가운데 창경궁에서 개최된 어린이날 기념식에 참석한 이 대통령과 푸랜시스카. 푸랜시스카의 왼편으로 김태선 서울시장이 서있다.

(사진들: 국정홍보처)

1954.5.7. 경무대.

아이젠하워 대통령 특사 자격으로 동아시아 군사정세를 시찰하기 위해 방한한 제임스 밴 플리트 예비역 대장 부부 일행을 접견하는 푸랜시스카.

전 미8군 사령관으로 6.25전쟁에 참전했고, 한국군 육성에 크게 기여한 밴 플리트 장군 부부는 이 대통령, 푸랜시스카 부부와 친밀한 사이였다. 오른쪽으로 미8군 사령관 맥스웰 테일러 대장의 모습도 보인다.

(사진: 대한민국 국가기록원 나라기록관)

1954.5.8. 장소미상

6.25전쟁에 참전했던 미군 제40보병사단 이한 기념 사열식과 분열식에 참석한 이 대통령과 푸랜시스카.

사단장 브래들리(William J. Bradley) 준장, 미8군 사령관 테일러 대장 등의 모습도 보인다. 이 날 이 대통령은 6.25전쟁 중 금화-금성 전투, 펀치볼 전투, 단장의 고개 전투, 샌드백 전투 등에 참전했던 미 제40보병사단의 전공을 치하했다. 한국을 떠난 미 40보병사단은 캘리포니아주에 배치되었다.

1954.5.12. 경무대.

영국에서 온 구호물자들을 수령하는 푸랜시스카. 에이츠(Yeats)라는 이름의 관계자와 박술음 사회장관(푸랜시스카 뒤로 얼굴이 가려진 인물)이 함께 했다.

경무대 외벽은 여전히 폭격에 대비한 위장그물막이 덮여 있다.

1954.5.20. 서울 세종로 투표소.

제3대 민의원 선거에서 투표하는 이 대통령을 지켜 보는 푸랜시스카와 갈홍기 공보처장.

자유당 창당 이후 최초로 실시된 이 선거에서 자유당 소장파 이기붕은 서대문 을구에서 당선된 반면, 자유당 노장파 이갑성(대구)과 배은희(경북 달성)는 낙선함으로써 소장파 이기붕 중심으로 자유당이 재편되었다.

자유당은 114석으로 제1당이 되었으나 개헌선인 3분의 2선을 확보하지는 못했다. 6월 9일 개원한 3대 민의원은 의장에 이기붕, 부의장에 최순주, 곽상훈을 선출했다.

(사진: 건국이념보급회)

1954. 5. 22. 의정부 미군 제1군단 광장.

5월 1일부로 창설된 제6군단 창설 기념식에 참석한 이 대통령과 푸랜시스카. 신임 6군단장 이한림 소장에게 태극기와 함께 단결, 전진, 승리를 상징하는 6군단기가 수여되었다. 이한림 군단장은 "군기가 가는 곳에 반드시 승리와 자유를 가져올 것이며, 명령만 내리면 남북통일에 목숨을 바치겠다"는 요지의 취임사를 했다.

테일러 미8군 사령관의 축사에 이어서 이 대통령은 참전 16개국 군인들도 참석한 가운데 "우리 군인들은 남북통일이 이루어져야만 완전히 살 수 있다는 것을 잘 알고 있는 고로 후퇴를 모르고 목숨을 버리고 싸우고 있는 것"이라며 "극동 지구에 위기가 닥칠 적에는 모든 우방국가들을 위하여 자유와 평화를 위하여 봉사할 것"이라고 연설했다.

일자 미상. 1953~1955. 의정부.

위 사진에서 푸랜시스카 뒤로 브릭스(Ellis O. Briggs) 주한 미국 대사(재임: 1952.11.25~1955.4.12)가 보인다. 아래 사진에서 이 대통령의 오른쪽에 함태영 부통령이 서있고, 뒷편에 변영태 외무장관, 미8군 사령관 테일러 대장(53년 6월 23일 대장 진급) 등의 모습이 보인다.

1954.5.28. 경무대.

제3대 민의원 선거(1954년 5.20선거)에서 당선된 자유당 소속 민의원 당선자들과 함께 한 이 대통령과 푸랜시스카. 이기붕 당선자(서대문 을)를 비롯 김영삼 당선자(25세, 맨 뒷줄 오른쪽에서 일곱번째, 왼쪽 사진)의 모습도 보인다.

김영삼 앞쪽으로 한 사람 건너 자유당 내 강경파 장경근(張暻根, 1911~1978, 오른쪽 사진)의 모습이 보인다. 동경제대 법학부 재학 중 고등문관시험에 합격했던 장경근은 여러 차례 한일회담에 참가했다. 1956년 『새벽』지 3월호에 "자유당의 당풍과 타당에 대한 비판"이라는 글을 발표한 당내 이론가이기도 했다. 1960년 자유당 정권이 무너지자 일본으로 밀항했고, 1974년 브라질로 이민갔다가 1977년 귀국, 다음 해 별세했다.

(사진: 국정홍보처)

1954.5.28. 경무대.

제3대 민의원 선거에서 당선된 자유당 소속 민의원 당선자들에게 훈시하는 이 대통령.

1954년 5.20선거 당시에는 국회의원 입후보를 위한 정당공천이 법적 요건이 아니었지만 많은 후보자들이 자유당 공천을 받고자 했다. 정부 여당이기도 했지만 당시 이승만 대통령의 카리스마적 인기에 기대고자 했던 이유도 컸다. 자유당은 공천후보 99명, 비공천 후보 15명이 당선되어 총 114석으로 출발했다.

선거 당시 자유당은 5개항의 개헌안을 내걸었다. 첫째, 초대 대통령의 3선 제한 철폐, 둘째, 주권에 관계되는 사안의 국민투표, 셋째, 선거민에게 국회의원의 소환권 부여, 넷째, 국무총리제 철폐, 다섯째, 외자도입을 위한 시장경제체제 강화 등이었다.

김두한 의원을 제외한 자유당 의원들이 개헌안에 서명하고, 무소속이 동조하는 가운데 재적 203명의 국회는 개헌추진 세력 약 3분의 2와 개헌저지 세력 약 3분의 1이 개헌안 통과를 놓고 대결하게 된다.

(사진: 대한민국 국가기록원 나라기록관)

1954.5.29. 강화도 강화국민학교.

강화도 시찰 중 환영의 꽃다발을 받는 프랜시스카와 이어서 꽃다발을 받는 브릭스 주한 미국 대사의 딸. 브릭스 주한 미국 대사, 테일러 미8군 사령관 등의 모습이 보인다.

1954.5.29. 강화도 강화국민학교.

강화국민학교를 떠나며 대한부인회 회원 등과 함께 기념촬영을 하는 이 대통령과 푸랜시스카.

1954.5.29. 강화도 전등사(傳燈寺).

이 대통령과 프랜시스카는 주한 미8군 테일러 사령관, 브릭스 대사, 그리고 브릭스 대사의 딸 등과 오전 9시 20분 미8군 구내에서 헬기에 탑승, 강화도에 도착하여 강화국민학교, 전등사, 마니산 제천단 등지를 시찰하고 오후 2시에 귀경하는 일정을 수행했다.

1954.6.15. 진해.

'아세아민족반공연맹대회' 참가자들과 기념촬영을 하는 이 대통령과 푸랜시스카. 이 대회에는 주최국 한국을 비롯 중화민국(대만), 필리핀, 타이, 베트남, 홍콩, 마카오, 오키나와 등 5개국 3지역 대표 42명이 참석했다. 한국 대표는 이범녕, 황성수, 김신실, 이철원 대표들에 이어서 이 대통령의 추천을 받은 최규남 서울대 총장, 이원철 인하대 학장이 추가되었다.

이 대통령의 대회 연설 초안은 외무부 정무국에 있던 김영주 등이 공보처에 고문으로 와있던 미국인의 영문 교정을 받아 준비했다. 그러나 이 대통령은 준비된 초안과는 전혀 다른 영어 연설을 시종일관 원고없이 진행했다. 외무부 직원들은 크게 실망하는 동시에 "대통령의 연설 실력(그것도 영어로, 막힘없이)에 감탄하였다." 그들이 보기에 "이승만 대통령은 다른 사람이 써 준 원고를 읽는 사람"이 아니었다. 이승만은 동서양의 학문을 연마하고, 프린스턴대학교에서 박사학위를 취득한 지성인으로서 말과 글의 중요성을 아는 정치지도자였다.

(사진들: 건국이념보급회)

1954.6.18. 오후. 경무대. 서울 중앙청 광장(오른쪽 사진).

진해에서 개최된 '아세아민족반공연맹대회' 참석자들을 환영하는 이 대통령과 푸랜시스카. 오른쪽 사진은 이 날 오후에 개최된 국민 환영대회 모습이다. "WELCOME ASIAN PEOPLE'S ANTI-COMMUNISTS' DELEGATES TO SEOUL!"이라고 쓴 영어 현수막 위에 걸린 또 하나의 현수막에는 "반공애국청년해방 1주년 기념 국민대회"라고 쓰여 있다. 이 날 환영대회가 6월 18일 송환불원포로 석방 1주년 기념식을 겸해서 개최되었음을 보여준다.

(사진들: 건국이념보급회)

1954.6.25. 오전 서울운동장, 오후 세종로.

6.25사변 4주년 기념행사에 참석한 이 대통령과 푸랜시스카. 오른쪽 아래 사진의 푸랜시스카의 왼편으로 미 8군 사령관 테일러 대장, 앤더슨 미 제5공군 사령관, 함태영 부통령 등이 보인다. 이 날 이 대통령은 "4천 년을 내려오는 문명국 민족이라는 한인들이 4십 년 원수 나라의 압제를 당하다가 다행히 자유를 얻게 된 우리로서 저의 나라를 소련에 갖다 부속하고 저의 민족을 남의 노예로 만들려고 외국의 무력을 빌려 가지고 난리를 꾸미면서 지상 잔멸을 시작했다는 것은 우리 역사에 참으로 욕되고 부끄러워 차라리 이 날과 이 일을 잊어버리는 게 낫겠다"고 말문을 열었다. 제네바 정치회의가 소득없이 끝난 것 등을 언급하면서 "그냥 참고 앉아서 평화로이 공산의 노예는 아니 되겠다"고 선포했다. 위 사진은 서울운동장에서 6.25전쟁 희생자 유족들을 위무하는 이 대통령의 모습이다.

(사진들: 국제보도연맹, 건국이념보급회)

1954.6.27. 미8군 사령부.

정일권 대장 미국 공로훈장(사령관급) 수여식에 참석한 푸랜시스카. 옆에는 미 10군단장 클락(Bruce C. Clarke) 중장.

6.25전쟁 초기 전사한 채병덕을 대신해서 총참모장을 맡았던 정일권은 1951년 육군 중장이었다(작은 사진). 정일권은 미국 참모대학 유학에서 돌아와 자신의 후배였던 백선엽 참모총장에 의해 2사단장에 임명되었다. 그리고 백선엽 보다 늦은 1954년 2월 14일 이형근과 함께 대장으로 진급하며 다시 육군참모총장이 되었다(당시 38세). 정일권은 40세가 되는 1956년에도 미국 공로훈장(총사령관급)을 받는다. 한국군 역사에서 1954년부터 1957년까지를 "3대장 정립 시대"였다고 볼 수 있다.

(큰 사진: 국정홍보처, 작은 사진: 건국이념보급회)

1954.7.1. 경무대.

구호금 50달러를 6.25전쟁 전몰유가족에게 전달하는 푸랜시스카. 물자의 수령과 점검은 이 날 행사에 함께 한 고재봉(1899~1992) 비서가 맡았다.

(사진: 국정홍보처)

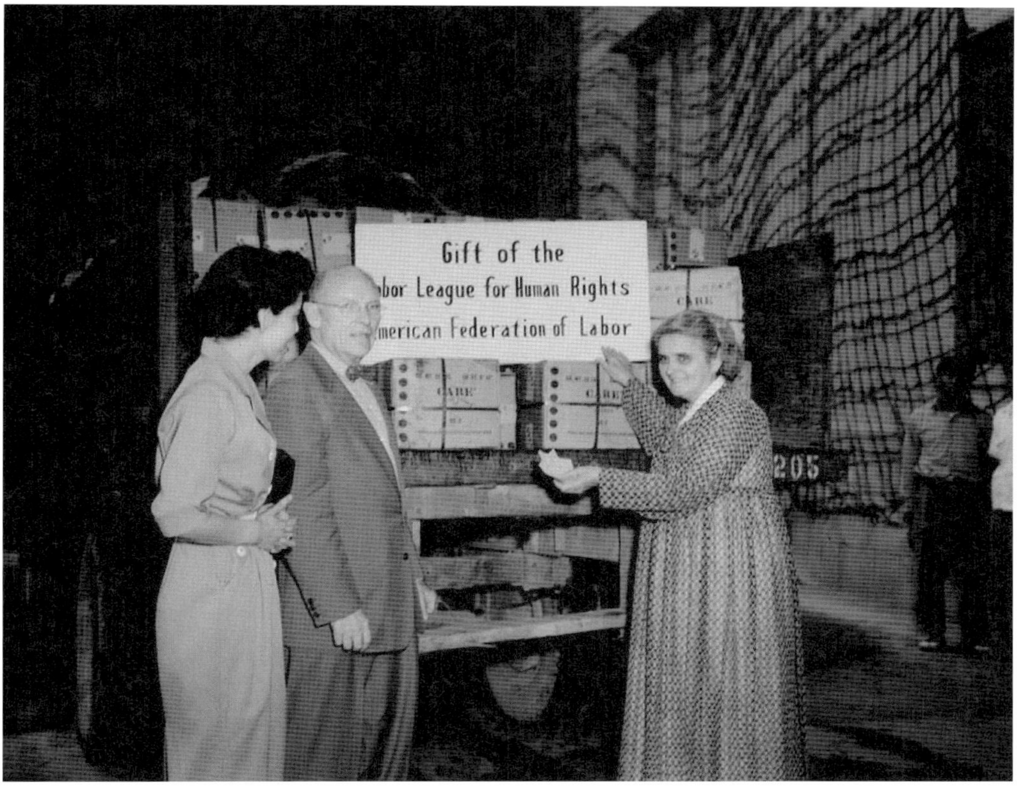

1954.7.7. 경무대

미국노동연맹(AFL: American Federation of Labor)에서 보내온 CARE구호물자를 CARE 한국 미션 책임자 조이(Charles R. Joy)로부터 수령하는 푸랜시스카.

AFL은 미국의 대표적 노동단체로서 또 다른 노동단체인 CIO(Congress of Industrial Organizations)와 경쟁하다가 제2차 세계대전 기간 중 서로 협력했고, 1955년 AFL-CIO로 통합되었다.

(사진: 대한민국 국가기록원 나라기록관)

1954년 경 추정. 경무대.

백선엽 7대 육군참모총장(재임: 1952.7.23~1954.2.13)과 백인엽 소장의 모친 방효열 여사의 회갑에 즈음하여 금시계를 선물하는 이 대통령과 푸랜시스카.

왼쪽부터 백인엽, 백선엽, 방효열, 푸랜시스카, 이 대통령, 변영태(1954년 4월부터 6월까지 개최된 제네바정치회의 참석 이후 5대 국무총리), 이호(1953년 11월 이후 국방차관)의 모습이 보인다.

방효열(方孝熱, 1893~1977)은 젊어서 남편 백윤상(白潤相, 1890~1926)과 사별하고 3남매를 훌륭하게 키웠다. 편모슬하에서 자란 백선엽은 어머니에 대한 효심이 지극하여 '효자장군'이라고 불렸다.

1954.7. 장소 미상

한국군 제5보병사단(열쇠사단) 장병들을 격려하는 푸랜시스카.

III

1954년 방미 이후 제2차 개헌까지

1954.7.25~1954.11.29

1954년 7월 25일(한국 시각) 이 대통령과 푸랜시스카는 오랫동안 미루었던 국빈 방미에 나섰다. 1954년 4월 26일부터 6월 15일까지 스위스 제네바에서 개최된 정치회의가 이 대통령의 예상대로 큰 결실없이 종료되자 방미 초청을 수락하고 미국과 직접 담판에 나선 것이다. 7월 20일 국무회의에서 이 대통령은 국토통일 과업 수행과 미국의 경제원조 및 군사원조 촉구에 대한 비장한 각오를 밝혔다. 1954년 1월 양국의 국회와 의회에서 한미상호방위조약이 비준되었으나 조약문에 따르면 비준서가 워싱턴에서 교환되었을 때에 비로소 효력이 발생하게 되어 있었다.

이 대통령과 푸랜시스카 일행은 아이젠하워 대통령의 국빈 초청으로 미국 측이 제공한 은백색 미 군용 특별기를 타고 미국으로 향했다. 선발대 포함 한국에서 출발한 수행원들로는 최순주 민의원 부의장, 손원일 국방장관, 정일권 육군참모총장(대장), 갈홍기 공보처장, 백두진 한미합동경제위원회 한국 측 대표(1954년 6월 17일까지 4대 국무총리), 김정렬 국방장관 보좌관(중장), 김일환 육군본부관리부장(중장), 최덕신 육군본부 작전기획부장(소장), 김현철 기획처 차장, 황규면 대통령 비서관, 유창준 대통령 비서관, 이한빈 기획처 예산국 제2과장, 장건식 국방부 제5국장(대령), 서정학 경무관, 김국진 경무대 경찰서장, 유훈 경감, 윌리엄 글렌 공보연락관 등이 있었다.

26일(워싱턴 시각) 미국에 도착한 이 대통령과 푸랜시스카는 공항에서의 환영행사를 마치고 백악관으로 향했다. 정전협정 체결 및 발효 1주년이 되던 7월 27일 오전 제1차 한미정상회담이 열렸다. 7월 28일에는 미 의회에서 이 대통령의 연설이 있었다. 이 대통령과 푸랜시스카는 그들이 함께 대한독립운동을 했던 워싱턴, D.C.는 물론 필라델피아, 뉴욕, 시카고, 인디펜던스, 로스엔젤레스, 샌프란시스코, 그리고 하와이도 방문했다.

청년시절 고학으로 조지 워싱턴 대학교 학사, 하바드 대학교 석사, 프린스턴 대학교 박사 학위를 받은 이 대통령의 방미는 개인적으로도 큰 의미가 있었다. 방미 중에 이 대통령은 조지 워싱턴 대학교와 컬럼비아 대학교에서 명예 박사학위도 받았고, 뉴욕 브로드웨이에서 뉴욕시장 부부와 함께 카 퍼레이드를 하는 등 대대적인 환영을 받기도 했다. 그러나 한반도에서 공산주의를 몰아내고 통일을 이룩해야 한다는 그의 의회 연설은 박수갈채와 함께 미국 내 반전 평화여론의 강한 반발을 초래했다. 아이젠하워 대통령과의 정상회담도 순조롭지 못했다. 정상회담 이후 한미합의의사록이 11월 17일 조인되고, 한미상호방위조약이 11월 18일 발효될 때까지를 당시 언론은 "114일간의 한미분규"라고 표현했다.

한미상호방위조약 비준서가 교환되고 발효됨으로써 공산주의와의 대결의 최전선에 있었던 대한민국의 안전이 보장된 것이다. 그러나 자유로운 한반도 통일이라는 이 대통령의 꿈은 멀어졌다. 같은 달 국회에서는 2차 개헌안에 대한 표결이 있었고, 사사오입 논란 끝에 새로운 헌법이 발효되었다.

1954.7.26(워싱턴 시간) 월요일. 워싱턴 D.C. 내셔널공항
(1998년 이후 로널드 레이건 워싱턴 내셔널공항으로 개명. 1962년 덜레스 국제공항 완공).

이 대통령과 함께 방미일정을 시작하는 푸랜시스카. 공항에서 이 대통령은 작심한 듯 15분 간의 긴 도착 연설을 했다. 미국이 한국을 구해준 것에 대한 감사 인사를 잊지 않았지만 미국이 움추려 들면서 한반도 자유통일의 기회가 멀어지고 있음을 지적했다.

도착 연설을 하는 이 대통령의 왼쪽 뒷편으로 닉슨 부통령이 머리를 비스듬이 하고 경청하고 있다. 푸랜시스카의 뒷편으로 임병직 국제연합(UN) 한국 대표의 모습도 보인다. 임병직은 청년 시절 미국에서 유학하면서 이승만의 대한독립운동에 동참했고, 상하이 프랑스조계로 가서 대한민국임시정부에도 참여했다.

(작은 사진: 건국이념보급회)

1954.7.26. 월요일. 워싱턴 D.C. 내셔널공항.

공항으로 마중 나온 닉슨 부통령(상원의장) 부부와 재회한 이 대통령과 푸랜시스카. 닉슨 부통령 부부는 1953년 11월에 한국을 방문했었다. 닉슨은 그의 회고록에서 1953년 방문 당시 이승만의 지혜에 깊은 인상을 받았다고 기록했다. 두 부부들 사이에 형성된 친분은 두 지도자들의 정치적 운명이 엇갈리면서 양국관계를 위해 충분히 활용되지 못했다. 1960년 4월 이 대통령은 하야했고, 1960년 11월 대통령 선거에서 닉슨은 케네디에게 패했다. 닉슨이 선거 패배 후 다시 한국을 방문했을 때, 닉슨은 크게 환영받지 못했다. 그러나 닉슨은 1968년 대통령 선거에서 승리하여 제37대 미국 대통령이 되었다.

닉슨 부통령 부부 이외에도 덜레스 국무장관 부부, 레드퍼드 합참의장 부부, 리지웨이 육군 참모총장 부부가 마중을 나왔고, 예포 21발이 울려 퍼졌다.

1954.7.26. 월요일. 백악관. "FIRST LADIES MEET"

아이젠하워 대통령 영부인 메이미(Mamie Eisenhower)와 인사를 나누는 푸랜시스카. 아이젠하워 대통령 부부가 주최한 성대한 국빈 만찬에는 미국 부통령, 각료 5명, 미국 상하원 의장들, 국제연합(UN)주재 미국 대사, 미국 상하원 의원들, 외교관, 군인, 그리고 그들의 부인들이 참석했다. 한국 측에서는 미국에서 산부인과 병원을 경영했던 양유찬 주미 한국대사, 미국에서 이승만을 도와 오랫동안 독립운동을 함께 했던 임병직 국제연합(UN) 주재 대사, 최순주 국회부의장, 정일권 육군 참모총장, 백두진 한미합동경제위원회 한국 측 대표(1954년 6월 17일까지 4대 국무총리) 등이 동참했다.

푸랜시스카는 방미일정 내내 한국에서 즐겨 입던 한복을 입고 당시까지 국제사회에 잘 알려져 있지 않았던 한국의 첫번째 퍼스트 레이디 역할을 성공적으로 수행했다. 오스트리아 출신으로 미국 시민이 되기도 했던 푸랜시스카는 미국민들에게 깊은 인상을 주기에 충분했다.

아이젠하워 대통령은 환영사에서 야수적인 공격에 맞서 용기를 갖고 투쟁한 한국민과 이 대통령에게 경의를 표했다. 이 대통령은 "자유가 아니면 죽음을 달라"고 했던 미국 독립전쟁 시기의 사상가 패트릭 헨리(Patrick Henry)를 언급하면서 미국의 원조가 한국군을 용감하게 만들었다고 답사했다. 분위기는 좋았지만 확전을 원하지 않았던 아이젠하워 대통령과 자유통일을 원했던 이승만 대통령의 생각은 엇갈렸다. 이 대통령과 푸랜시스카는 백악관 내 귀빈용 숙소인 링컨 침실에서 숙박했고, 한국 측 수행원들은 영빈관인 블레어 하우스와 헤이-아담스 호텔에서 묵었다.

1954.7.27. 화요일. 백악관.

아이젠하워 대통령 부부 및 손주들과 기념촬영을 하는 이 대통령과 푸랜시스카. 워싱턴 D.C.에서의 첫날 밤을 백악관 링컨 침실에서 묵고, 이튿날 영빈관(Blair House)으로 향하는 이 대통령과 푸랜시스카를 아이젠하워 대통령의 손주들이 함께 배웅하고 있다.

블레어 하우스에서 잠시 휴식을 취한 이 대통령은 다시 백악관으로 와서 한미정상회담에 임했다. 한국 측에서는 양유찬 주미 대사, 백두진 국무총리 등이 동석했다. 아이젠하워 대통령은 이 대통령의 발언을 신중하게 경청하면서 "모든 문제는 평화적으로 해결하는 것이 좋다"는 말을 되풀이했다. 아이젠하워는 대한민국의 통일 의지에 동정심을 표하면서도 군사적으로 이북지역을 수복하려는 것은 지원할 수 없다는 입장을 분명히 밝힌 것이다. 아이젠하워행정부로서는 1953년 체결되고 양국 국회에서 비준된 한미상호방위조약이 비준서 교환으로 발효되기 전에 이 점을 명확히 할 필요가 있었다.

이 날 이 대통령은 국무부로 이동하여 덜레스 국무장관과도 회담했다. 이 대통령은 아시아 집단안보기구에 일본을 참여시키려고 했던 덜레스의 구상에 찬성하지 않았다. 미국은 불과 10여년 전 전쟁 상대방이었던 일본을 반공전선에 동참시키고자 했지만 수십년 동안 항일독립운동을 했던 이 대통령은 일본에 대한 경계심을 늦출 수 없었다.

덜레스 국무장관은 듀퐁 서클에 있는 앤더슨 하우스(Anderson House)에서 만찬을 주최했는데, 이 대통령이 워싱턴 D.C.의 동물원에 기증한 한국 반달곰이 화제가 되었다. 덜레스는 이 대통령이 기증한 아기곰이 나이 들어 힘이 세졌다고 하면서 이 대통령의 건강을 기원했다. 이 대통령은 자신의 처지가 동물원 우리에 갇혀 있는 곰과 같다는 농담으로 말문을 열면서 한반도 자유통일의 필요성을 간곡히 호소했다.

(사진: 건국이념보급회)

1954.7.28. 수요일. 오후. 미국 의회.

이 날 오찬은 닉슨 부통령 겸 상원의장이 D.C. Committee Room에서 주최했다. 오찬 이후 이승만 대통령은 현지시각 오후 4시 32분부터 미국의회 상하원 합동회의에서 연설을 시작했다. 이 대통령 뒤로 상원의장인 닉슨 부통령이 보인다. 상원 원목 프레데릭 B. 해리스 목사, 연방 대법관들, 워싱턴 주재 각국 외교사절, 미국 3군 수뇌부 등도 참석했다.

푸랜시스카는 덜레스 국무장관 부인의 안내로 2층 방청석에서 이 대통령의 연설을 경청했다. 이 대통령의 연설은 기립박수를 포함 33번의 박수를 받았지만, 코리아의 통일을 위해 미국을 다시 전쟁에 끌어들이려는 호전적 연설이라는 미국 여론의 역풍을 맞기도 했다.

1954.7.28. 수요일. 만찬. 워싱턴 D.C. 메이플라워 (The Mayflower) 호텔.

블레어 하우스에 묵고 있던 이 대통령과 푸랜시스카는 아이젠하워 대통령 부부와 미국 주요 인사들을 메이플라워호텔 만찬에 초대했다. 26일 아이젠하워 대통령 부부가 주최한 백악관 만찬에 대한 답례 형식이었다.

만찬장에서는 소프라노 김자경이 한국 가곡 봉선화를 불렀다. 미국에서 문화외교에 앞장섰던 황재경 목사는 나무를 자르는 톱에 활을 문질러 연주하는 톱연주로 주목을 받았다.

(위 사진: 위키피디아, 아래 사진: 대한민국 공보처)

1954.7.29. 목요일. 오전. 마운트 버논(Mount Vernon).

이 대통령 일행은 7월 29일 조지 워싱턴 미국 초대 대통령 생가에 조성된 기념관을 방문했다. 이 대통령은 자신이 1905년 조지 워싱턴 대학교 재학 당시 이 곳을 방문했었다고 회고했다. 청년 이승만이 1904년 한성감옥서 안에서 저술하고, 1910년 로스엔젤레스에서 출판된 『독립정신』 에도 죠지 워싱턴의 초상화와 함께 그의 업적이 서술되어 있다. 이 대통령은 서울에서 가져 간 한국 단풍나무를 식수했고, "이 단풍나무는 작은 일본 단풍과는 다른 종이니 설명문에 일본 단풍(Japanese maple)이라고 쓰지 말라"고 당부했다.

(왼쪽 위사진: 건국이념보급회, 왼쪽 아래 사진: 대한민국 공보처, 오른쪽 사진: 저자 촬영. 2015.11.1)

1954.7.29. 목요일. 알링턴 국립묘지(Arlington National Cemetery)와 링컨 기념관(Lincoln Memorial)

이 대통령은 마운트 버논의 조지 워싱턴 기념관을 방문하고 돌아오는 길에 알링턴 국립묘지에 있는 무명용사의 묘에 헌화했다(위 사진). 이후 미국 제16대 대통령인 에이브러햄 링컨(Abraham Lincoln) 기념관에 들러 링컨의 대리석상 앞에 헌화했다(아래 사진). 링컨의 초상화와 업적은 1910년 출판된 이승만의 『독립정신』에 수록된 바 있었다. 이 대통령은 "링컨이 미국의 통일을 위해 버텼던 것, 그것이 내가 나의 분단된 나라를 위해 하고 싶은 것"이라고 역설했다.

(사진들: 대한민국 공보처)

1954.7.29. 목요일. 워싱턴, D.C.

이 대통령은 알링턴 국립묘지와 링컨 기념관에서의 헌화 일정을 수행하면서 이동하는 동안 워싱턴 D.C. 시민들의 열렬한 환영을 받았다. 함께 기념촬영을 하기도 하고, 서명을 해주기도 했다. 이 대통령의 옛 제자이기도 했던 양유찬(작은 사진) 주미 한국 대사가 수행했다.

이 대통령은 예정없이 『워싱턴 스타(The Washington Star)』 신문사도 방문했다. 1852년 창간된 『워싱턴 스타』는 1981년까지 발행되었다. 건물과 토지는 『워싱턴 포스트(The Washington Post)』가 인수했다. 이 대통령은 해외에서 독립운동을 하는 동안 신문들을 적극 활용했고, 한국 관련 기사들을 스크랩해 놓기도 했다. 이 신문 스크랩은 현재 연세대학교에 소장되어 있다.

이 대통령은 재미 독립운동 시절 알았던 워싱턴 세네터스 야구단 구단주 그리피스(Clark Griffith, 1869~1955)의 집도 예고없이 방문하여 부인과 이야기를 나누었다.
(사진: 대한민국 공보처, 작은 사진: 공공사진)

1954.7.29. 목요일 오후 2시 30분 이후. 백악관.

이 대통령은 바쁜 오전 일정을 소화한 후 오후에는 백악관에서 아이젠하워 대통령과 제2차 정상회의를 했다. 회의 개최에 앞서 미국 측이 보내온 한-미 정상회의 공동성명 초안에는 "한국은 일본과의 관계에 있어서 우호적이고 … " 라는 문구가 일방적으로 포함되어 있었다.

이 대통령은 미국 측이 한반도 통일을 위한 군사적 지원에는 미온적이면서 일본과의 관계정상화를 일방적으로 밀어붙이는 것에 분노했다. 정상회담 보이콧까지 고려했으나 일단 만나서 의견을 표명했다. 이 대통령은 한일회담 일본 수석대표 구보다가 일본의 식민지배가 한국에 유익한 점이 있었다고 발언한 것을 소개하며 구보다의 망언으로 한일회담이 결렬되었다고 주장했다. 그리고 체코와 폴란드의 중립국감독위원회에 소속된 체코슬로바키아와 폴란드 대표단이 스파이 행위를 하고 있다고도 주장했다 (냉전 종식 이후 공개된 문서들을 통해 이는 사실로 판명되었다).

회의 도중 참모들을 통해 구보다 망언 사태와 판문점 사태의 실상을 파악한 아이젠하워 대통령은 그래도 한일국교정상화는 필요하다고 말했다. 이 대통령이 현재 상태로는 자신의 임기 중에 한일관계 정상화는 불가능할 것이라고 응답하자 아이젠하워 대통령은 자리를 박차고 일어났고, 이 대통령도 격앙되었다. 미국 산부인과 의사 출신으로 미국 문화에 익숙했던 양유찬 주미 한국대사가 나서서 사태를 무마하고, 참모들 간의 조율에 나섰다.

아이젠하워 대통령은 나중에 "걸화(appeasement)와 세계전쟁 사이의 좁은 길을 걸었다. … 인내하는 용기를 갖는 것은 어려운 길이었다"라고 회고했다(사진: 회고록 표지) . 아이젠하워에게 있어서 이승만의 북진통일론은 받아들일 수 없는 것이었다. 그러나 그는 또한 어떤 프랑스인이 자신에게 다음과 같은 말을 했다는 기록도 남겼다. "베트남에는 이승만과 같은 인물이 필요하다. 비록 그러한 인물이 많은 어려움들을 야기하겠지만."

1954.7.29. 목요일. 워싱턴 D.C. 주미 한국대사관 비공식 리셉션.

한국 외교의 숨은 공로자 최정림과 함께 서 있는 푸랜시스카. 당시 양유찬 대사 부인이 유럽 체류 중이라는 이유로 대사관 차석이었던 한표욱 참사관 부인 최정림이 푸랜시스카와 함께 외빈들을 맞이하는 여주인(hostess) 역할을 맡았다. 대사관 뒷뜰에서 불고기를 만들어 대접한 리셉션은 대성황을 이루어 약 2천 명이 참석했고, 리셉션 라인이 5백미터에 달했다.

최정림은 푸랜시스카와 마찬가지로 법적 신분을 가진 외교관은 아니었지만, 한국외교사에 많은 발자취를 남겼다. 황경순(이동익 전 포르투갈 대사 부인)이 최정림을 일컬어 "한국외교의 어머님"이라고 한 것은 일리가 있다. 그런데 미국을 비롯한 국제사회에 많은 것들을 의존해야 했던 당시 최정림의 눈에는 푸랜시스카야말로 "한국외교의 어머님"이었다.

1954.7.29. 목요일. 저녁. 워싱턴 D.C. 주미 한국대사관 비공식 리셉션.

리셉션에 참석한 인사들과 인사를 나누는 이 대통령, 푸랜시스카, 그리고 양유찬 주미 한국대사.

(사진: 대한민국 공보처)

1954.7.29. 목요일. 저녁. 워싱턴 D.C. 주미 한국대사관 비공식 리셉션.

재미 독립운동 시절 부터 오랜 교분이 있었던 해리스(Frederick B. Harris) 상원 원목 부부를 접견하는 이 대통령과 푸랜시스카.

해리스 목사는 1940년대 초 워싱턴 D.C.에서 출석했던 교회의 담임 목사였고, 나중에 미국 상원의 원목이 되어 최장수 원목의 기록을 세웠다. 해리스 목사가 상원 원목이 되었을 때, 상원의장 겸 부통령은 6.25전쟁 발발 직후 미군 파병을 결정한 해리 S. 트루먼이었다. 트루먼 부통령은 1945년 4월 F. 루즈벨트 대통령이 임기 중 별세하자 갑자기 대통령직을 승계했다.

푸랜시스카의 오른편에 한표욱(韓豹頊) 주미 대사관 참사관이 서있다. 한표욱은 이 대통령 부부의 미국 방문이 "주미대사관 시절을 통틀어 가장 감격적이고 희열에 찬 행사"였다고 회고했다. 한표욱은 연희전문 문과를 졸업하고 1939년 미국으로 유학을 갔다. 이승만 박사와 워싱턴 D.C.의 포토맥강에서 낚시를 함께 하기도 했고, 푸랜시스카가 만든 김치를 먹기도 했다. 1948년 주미 대한민국 대사관 창설요원으로 발탁되어 외교관 생활을 시작했다. 미국에서 석사학위를 하고 박사학위를 준비하던 그의 아내 최정림도 주미 한국대사관 창설을 도왔다. 한표욱과 이승만의 관계는 『이승만과 한미외교』라는 책(작은 사진)에 자세히 나와 있다.

1954.7.29. 목요일. 워싱턴 D.C. 주미 한국대사관 비공식 리셉션.

이 날의 리셉션은 이후 대한민국 대사관들이 외빈 리셉션을 개최할 때, 하나의 표준이 되었다. 푸랜시스카보다 세 살 많았던 양유찬(1897~1975, 위 사진 중앙) 대사는 이승만이 하와이 시절 교육했던 제자였다. 1923년 보스톤 의대를 졸업하고 하와이에서 중국인 의사 2명까지 고용한 병원을 운영 중이던 그는 1951년 2월 호놀룰루 총영사 김용식을 통해 부산 부민동 대통령 관저로부터 호출을 받고, 주미 대사직을 맡게 되었던 때를 다음과 같이 회고했다.

> "처음에는 외교를 모를 뿐 아니라 번창하고 있던 병원을 그만둘 수 없다는 이유로 고사했다. 그러자 이 대통령은 '네가 후손에게 백만금의 재산을 물려주고 죽는게 나으냐, 우리 3천만 백성을 살리는게 좋으냐' 면서 24시간의 말미를 주었다."

당시 초량(草梁)에 있던 양성봉(梁聖奉) 경남지사 집에서 1박을 한 양 대사는 "제가 꼭 도움이 되겠다면 가겠습니다"라며 수락했고, 이 대통령은 "내가 젊을 적에 너를 가르쳤다. 나는 혼자 생각하기를 네가 자라서 나와 함께 나라를 위해서 일했으면 얼마나 좋을까 하고 생각했었다. 이제 기회는 왔다. 너는 가서 전쟁으로 먹고 입을 것을 다 잃은 3천만 민족을 먹여 살려야 한다"고 말했다.

가운데 사진은 닉슨(Richard Nixon) 부통령 부인 팻 닉슨(Thelma Catherine "Pat" Nixon, 1912~1993)과 악수하는 푸랜시스카의 모습이다. 두 사람은 1953년 닉슨 부부 방한 때 만났던 구면이었다. 한복을 사랑했던 푸랜시스카는 방미 외교 중 결혼 반지 이외의 장신구는 지참하지 않았다. 이 날 푸랜시스카의 모국이기도 했던 오스트리아 대사, 그리고 프랑스 대사 등도 참석했다.

1954.7.30. 이승만-아이젠하워 공동성명(Statement by Presidents Rhee and Eisenhower)

전 날 양국 정상 간의 회담은 팽팽한 긴장 속에 끝났지만 양유찬 대사 등 실무진의 노력으로 다음과 같은 요지의 공동성명이 발표되었다.

> "우리는 … 우리 양국 간의 우의를 증진했으며 우리의 목표가 확고하다는 것을 더욱 명백히 보여줬다. 1953년 8월 8일 이 대통령과 덜레스 국무장관은 1953년 7월 27일의 정전협정에서 기대했던 정치회의가 만족할만한 해결을 산출하지 못할 경우 다시 협의하기로 합의했다.
>
> 이 정치회의는 1954년 4월 26일부터 6월 15일까지 제네바에서 개최되었다. 그러나 이 회의에서 공산주의자들은 국제연합(UN) 감시 하의 자유선거에 기초해서 통일하는 방식을 거부했고, 대신 한국민의 자유들을 소멸시킬 것이 명백한 처리방식만을 계속 밀어붙였다.
>
> 우리는 국제연합(UN) 헌장과 통일되고 민주적이고 독립적인 코리아를 이룩하기 위한 국제연합(UN) 총회의 결의안들에 따라서 앞으로 나아가고자 하는 우리의 의향을 재확인했다. 코리아문제의 해결에 이르지 못한 제네바회의의 실패에 비추어 우리는 이러한 목표를 계속 추구하기 위한 방법들을 토의했다.
>
> 우리의 군사 경제 부문 자문관들은 그들에게 관계된 공동관심사에 대해 보다 상세한 토의를 계속할 것이다. 결론적으로 우리는 코리아에 관한 공동의 목표를 달성하기 위해 밀접하고 상호적인 협력을 계속해 나갈 것을 재천명한다."

공산진영을 포함해서 전 세계를 향해 발표된 공동성명에서는 두 정상들 간에 노정된 이견은 감추면서 향후 협력의지를 분명히 한 것이다. 군사 경제 부문 실무진의 계속된 협의를 통해 만들어진 한미합의의사록에 변영태 외무장관과 에리스 오. 브릭스 대사가 1954년 11월 17일 서울에서 서명함으로써 18일부터 한미상호방위조약이 발효되고, 한미동맹체제가 출범했다. 한미합의의사록은 한국에 대한 미국의 군사적, 경제적 지원 약속들과 더불어 한국군을 국제연합(UN)군 사령부의 작전지휘권 하에 둔다는 점을 분명히 했다. 이 대통령이 원하는 대로 한국군을 크게 육성하여 대한민국의 안보는 보장하되 한국군에 의한 단독 북진통일 시도는 봉쇄한 것이다.

1954.7.30. 오전. 워싱턴, D.C. 조지 워싱턴 대학교 리스너 강당.

마빈(Cloyd Marvin, 1889~1969) 총장으로부터 명예법학박사(Doctor of Laws) 학위를 받는 이 대통령. 양유찬 주미 대사도 함께 했다. 이 대통령 이후 조지 워싱턴 대학에서 명예박사(Doctor of Public Service)를 받은 한국인으로는 1982년 현대그룹 창업자 정주영이 뒤를 이었다.

마빈 총장은 이 대통령을 "조지 워싱턴 대학의 아들, 높은 분별력과 기독교적인 품성이 결합된 진지한 인물, 지루한 기다림의 세월 속에 고통, 절제된 용기, 공공의 복리를 위해 필수불가결한 희생정신이 요구됐던 시기에 불굴의 인내, 조용한 의지, 심오한 정신적 힘을 가지고 자신과 국민들을 위해 일했던 애국자이자 지도자, 정의에 항상 민감하게 동의하는 인물, 동양적인 것을 서양적인 것으로 서양적인 것을 동양적으로 해석하는 비범한 재능을 지닌 인물"이라고 소개했다.

이 대통령은 "공산주의에 대해서 고통스럽지만 위험하지는 않은 흔한 감기처럼 대수롭지 않게 말하는 것을 중지하고, 공산주의를 치명적인 바이러스로 여기고 그 퇴치를 위한 투쟁을 시작해야만 한다"고 호소했다. 그는 "공산주의가 권력을 장악하는 바로 그 순간 탐구의 권리도 파괴하기 때문"에 "교육도 자신의 자유를 위한 투쟁을 해야 한다"고 역설했다. 중립적이거나 수수방관하지 말고, "자유인들의 편"에 설 것을 촉구한 것이다.

(사진: 건국이념보급회)

1954.7.30. 오찬. 워싱턴, D.C. 스타틀러 호텔(Startler Hotel, 현재 Capital Hotel, 1001 16th Street NW)

해외필진(Overseas Writers) 클럽 오찬에 초대받은 이 대통령은 약 150명의 참석자들 앞에서 긴 연설을 했다. 이 대통령은 "언론인들을 상대로 이야기하는 것은 항상 즐거운 일"이라면서 그것은 "언론의 자유"가 있기 때문이라고 했다. 이 연설에서 이 대통령은 자신의 미국 의회 연설이 오해를 불러 일으키고 있는 것에 관해 언급하면서 "미국에게 즉시 중공과 전쟁을 시작하라고 촉구한 것"이 아니라 "자유세계의 보전에 필요한 장기정책을 미국이 고려해보도록 제시한 것"이라고 설명했다. 자신을 예언자라고 부르는 것에 동의하지 않으며 단지 상황을 현실적으로 보고, 우리의 적이나 잠재적인 적들의 행동동기, 역량, 그리고 가능한 행동들을 평가해보려 노력할 뿐이라고 말했다. 그리고 "미국인들이 도와준다면 반드시 공산주의의 불길을 진화할 수 있다"고 역설했다.

(사진: 위키피디아)

1954.7.31. 토요일. 뉴욕

7월 31일 오후 뉴욕으로 이동한 이 대통령과 푸랜시스카는 데이빗 Y. 남궁(南宮炎, 1888~ 1961, 왼쪽 사진) 뉴욕 총영사와 뉴욕 시장을 대신한 리차드 패터슨 등의 환영을 받았다. 남궁 총영사는 『황성신문』 사장, 상동청년학원 원장 등을 지낸 독립운동가로서 이승만과 인연이 깊었던 남궁 억(1863~1939, 오른쪽 사진)의 아들이다.

밤 12시에 뉴욕 교민들을 위해 열린 리셉션에서 이 대통령은 반드시 통일이 이룩될 것을 믿자고 호소했다.

이 대통령은 뉴욕에 거주하고 있던 맥아더 장군과도 1시간 동안 단독 요담했다. 이 대통령과 푸랜시스카가 숙소로 정한 월도프 아스토리아호텔에는 태극기가 게양되었다.

(사진들: 공공사진)

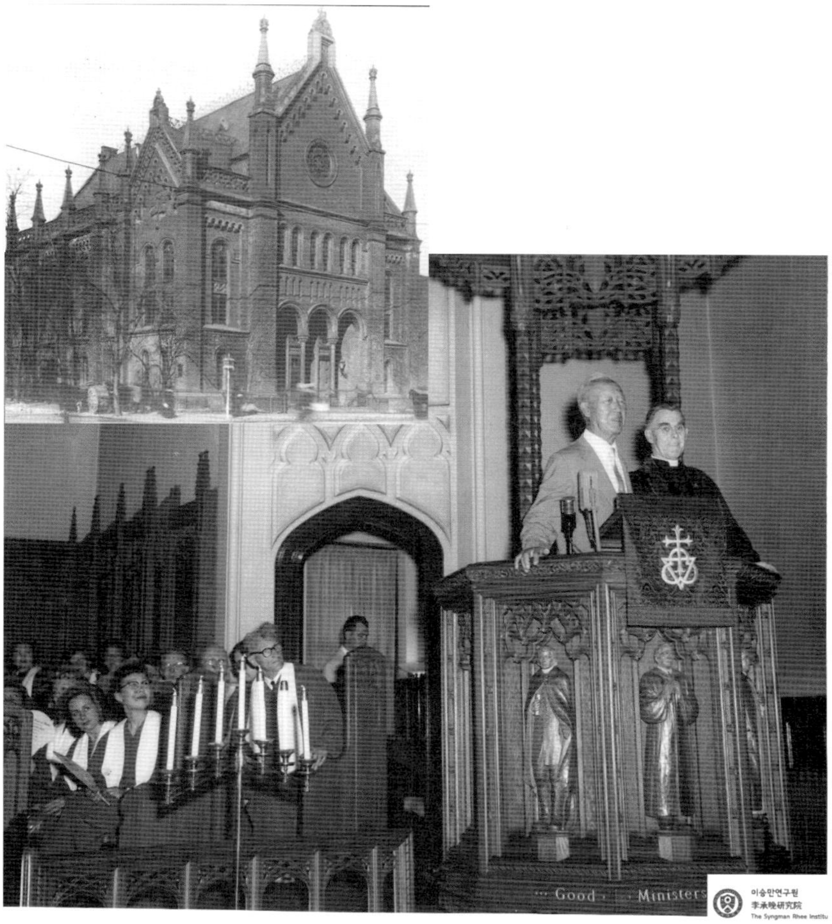

1954.8.1. 일요일. 오전. 워싱턴 D.C. 파운드리 감리교회.

전날 뉴욕에 도착했던 이 대통령과 푸랜시스카는 8월 1일 파운드리 감리교회에서 주일 예배를 드리기 위해 다시 워싱턴 D.C.로 갔다. 워싱턴 D.C.의 듀퐁광장과 로건광장 사이에 있는 파운드리 감리교회(작은 사진, 공공사진)는 이승만, 푸랜시스카 부부가 1940년대 초 출석했던 교회였다. 1924년 뉴욕의 그레이스감리교회에서 이 교회로 부임한 프레드릭 B. 해리스는 1955년까지 이 교회의 담임목사로 있으면서 미국 상원의 원목을 지냈다. 상원 원목이 된 해리스 목사(사진에서 이승만 옆)는 상원의장이자 부통령이었던 트루먼과 교분을 쌓았고, "한국을 위한 미국인 대사"처럼 한국을 도왔다.

이 대통령은 "아무리 절차가 복잡하더라도 이 교회에서 예배를 볼 수 있게 하라"고 특별훈령을 내렸다. 뉴욕 월도프 아스토리아 호텔에 숙소를 정한 이 대통령과 푸랜시스카는 8월 1일 이 교회에서 주일예배를 드리기 위해 다시 워싱턴 D.C.로 갔다.

이 예배에는 공화당 상원 원내대표 노우랜드(W. Knowland) 의원, 주한 미 제8군 사령관을 지낸 제임스 밴 플리트 장군 등도 참석했다. 해리스 목사로부터 발언권을 받은 이 대통령은 다음과 같이 연설했다.

> "한국이 자유롭게 된 것은 하느님의 뜻입니다. 오늘날 많은 사람은 만약 우리가 100만 공산군을 북한에서 몰아내려고 한다면, 제3차 세계대전이 발발할 것이라고 말합니다. 그들은 가공할 원자폭탄과 수소폭탄이 순식간에 인류의 문명을 파괴할 것이라고 말합니다. 그렇습니다. 그것은 끔찍한 일입니다. 그러나 나는 그들에게 우리가 수소폭탄보다도 더 위력적인 하느님의 은총을 받고 있다는 사실을 말해주고 싶습니다. … "

그러나 미국 여론은 1941년 이후 지속되었던 전쟁의 분위기에서 평화의 분위기로 바뀌고 있었고, 미국 언론의 논조도 일본과의 태평양전쟁 시기나 공산주의자들과 한반도에서 열전 중이던 시기와는 달라지고 있었다.

1954.8.1. 저녁. 필라델피아.

이 대통령의 필라델피아 일정을 수행 중에 현지 유력 여성 인사들을 만나 대화를 나누는 푸랜시스카. 빡빡한 일정으로 인해 다소 피곤한 기색이다. 필라델피아는 1919년 4월 이승만이 서재필 등과 함께 태극기 행진과 대한인총대표회의를 개최한 도시이기도 했다.

8월 1일 오전 워싱턴 D.C. 파운드리교회의 주일예배 시간에 발언 기회를 가진 이 대통령은 같은 날 오후 8시 30분 필라델피아에서 5천 여 명 앞에서 연설했다. 이 필라델피아 행사는 외국전 참전용사회(VFW: the Veterans of Foreign Wars) 리처드(Wayne E. Richards) 회장, 파인(John S. Fine) 펜실베니아 주지사 등이 주최했다.

이 필라델피아연설에서 이 대통령은 의회에서 "미국이 중국 본토를 해방하는 것을 최우선 순위에 놓아야 한다고 제안했다"고 상기시키면서 "중국이 자유로워지지 않으면 아시아를 구출하는 것은 불가능하다"고 역설했다. "동물조련사는 사자 우리 속에 들어갈 때 사자에게 두려움을 보여서는 안된다"고 하면서 평화는 바람직하나 공산주의자들이 요구하는 대가를 치르는 것은 절대로 평화가 아니라고도 주장했다. 공산주의자들이 원하는 대가란 "세계정복"이기 때문이라고 보았다. 필라델피아 일정을 마친 이 대통령 일행은 다시 뉴욕으로 향해 8월 2일 오전 0시가 넘어 뉴욕 월도프 아스토리아호텔에 투숙했다.

(아래 사진: 대한민국 공보처)

1954.8.2. 월요일. 정오 이후. 뉴욕 브로드웨이.

뉴욕 시민들의 열렬한 환영에 손을 흔들어 답례하는 푸랜시스카(위 사진). 필라델피아에서 밤 비행기로 뉴욕에 도착한 이대통령과 푸랜시스카는 브로드웨이에서 정오에 시작된 "영웅행진"의 주인공이 되었다. 푸랜시스카 옆의 여성은 와그너(Robert F. Wagner II, 1910~1991) 뉴욕시장 부인이다. 푸랜시스카 앞의 안경 쓴 인물은 당시 수행했던 최순주(崔淳周, 1902~1956) 국회부의장(2대 재무장관 역임)으로 추정된다.

1954.8.2. 월요일. 정오 이후. 뉴욕 브로드웨이.

와그너(Robert F. Wagner II) 뉴욕시장으로부터 뉴욕 명예시민증을 받은 후 연설하는 이 대통령과 함께 있는 푸랜시스카. 와그너 시장은 환영사에서 "1950년 공산주의자들이 무자비한 공격을 개시했을 때, 이 대통령은 전례없는 용기와 역동적인 지도력을 발휘하여 한국민을 자유의 기치 아래 동원했다"고 소개했다. 이어서 뉴욕시를 대표해서 뉴욕시 명예훈장과 기념증서를 전달했다. 밴 플리트 예비역 대장의 축사도 이어졌다. 이 대통령은 답사에서 다음과 같은 언급으로 뉴욕 시민들의 심금을 울렸다.

> "퍼레이드 도중에 차량 행렬을 선도하던 오토바이 순찰대장 조지 피츠패트릭(George Fitzpatrick)의 아들이 1952년 코리아 전선에서 별세했다는 이야기를 들었습니다. 그 청년은 알지도 못하는 나라로 가서 자유와 정의를 위해서 싸우다가 장렬하게 전사한 것입니다. 이것이 귀국의 청년들과 우리 청년들이 목숨을 바쳐 싸워 온 정신입니다."

1954.8.2. 월요일. 정오 이후. 뉴욕 브로드웨이.

와그너(Robert Ferdinand Wagner II, 1910.1991) 뉴욕 시장으로부터 뉴욕시 명예메달과 특별공훈증서를 받는 이 대통령 옆의 푸랜시스카와 와그너 부인. 1954년부터 1965년까지 뉴욕 시장을 지낸 와그너 2세의 아버지 와그너 1세(Robert Ferdinand Wagner I, 1877~1953)는 1927년부터 1949년까지 민주당 소속 뉴욕주 상원의원을 지낸 정계의 거물이었다. 와그너 1세의 초상화는 2004년 이후 미국 상원의 리셉션룸에 전시되고 있다.

(아래 사진: 건국이념보급회)

1954.8.2. 월요일. 오후 1시 이후. 뉴욕 월도프 아스토리아 호텔.

와그너 뉴욕 시장 주최 오찬에 참석한 이 대통령. 가톨릭 추기경인 스펠만(Francis Joseph Spellman, 1889~1967) 뉴욕 대주교와 밴 플리트 예비역 대장의 모습도 보인다. 이 날 모임에서는 스펠만의 축도에 이어서 유대교 랍비 셀리그손(David J. Seligson), 성공회 주교 도네건(Horace Donegan, 1900~1991) 등이 축도했다.

이 날 오찬은 남성들만 참석하는 스택 런천(stag luncheon, stag는 숫사슴이라는 뜻) 방식으로 진행되어 푸랜시스카는 별도의 오찬 모임에 참석했다.

오찬 시작에 앞서 예비역 오성장군 맥아더의 축하 전문이 낭독되었다. 거주지인 뉴욕을 떠나 여행 중이라 참석할 수 없다는 양해 요청과 함께 "자유세계의 위대한 지도자" 이 대통령에게 경의를 표하는 내용이었다.

이 대통령은 오찬 후의 답사에서 우선 이 날 참석한 딘 예비역 소장(6.25전쟁 중 포로가 되었던)의 노고를 치하했다. 그리고 "만약 누구든 평화회담이나 정전으로 한반도 문제가 평화적으로 해결될 수 있다고 말하는 자가 있다면 그런 자에게 속지 말라"고 역설했다.

(사진: 대한민국 공보처)

1954.8.2. 월요일. 오후. 뉴욕. 컬럼비아대학교.

컬럼비아대학교에서 명예법학박사 학위를 받은 이 대통령과 함께 걷고 있는 푸랜시스카. 7월 30일 조지 워싱턴 대학교에서 명예 법학박사 학위를 받은데 이어서 개교 2백주년을 맞이한 컬럼비아대학교에서 명예법학박사 학위를 받는 진기록을 세웠다. 크라우트(John A.Krout) 컬럼비아대학교 부총장이 행사를 주관했다.

푸랜시스카 뒤로 제임스 밴 플리트의 모습도 보인다. 아이젠하워 대통령의 육사 동기였던 밴 플리트는 미국이 일본 대신 한국을 지원해야 한다고 주장하고 있었다.

독일의 콘라드 아데나워와 일본의 요시다 시게루가 각각 같은 해 10월과 11월에 컬럼비아대학교에서 명예법학박사학위를 받았다. 한국인으로서는 2016년 국제연합(UN) 제8대 사무총장 반기문이 컬럼비아대학교 명예법학박사학위를 받았다.

이 대통령은 이 날 연설에서 "우리는 여전히 전투에서 패배하고 있다"면서 "자유를 위해 싸우는 혁명가들을 버린다면 한국, 자유중국, 기타 여러 나라들뿐만 아니라 미국 자신에게도 재앙이 초래될 것"이라고 경고하며, "아시아를 구해야 한다"고 호소했다.

(사진: 대한민국 공보처)

1954.8.2. 월요일. 저녁 8시 이후. 뉴욕 월도프-아스토리아호텔.

한미재단 주최 만찬에 참석한 이 대통령과 푸랜시스카(맨 윗줄 중앙 마이크석 좌우측). 이 대통령은 한국민에 대한 미국의 도움에 감사하고, 계속적인 지원을 호소하는 한편 공산주의에 맞서 북한주민을 해방하고 코리아를 다시 통일할 수 있도록 지지해달라고 호소했다. 약 3,500명의 신청자들 중 약 1,500명만이 참석할 수 있었던 이 날 만찬은 9시부터 공중파 TV와 라디오로 생중계되었다.

이 대통령은 "우리는 구걸하지 않으며, 앞으로도 구걸하지 않을 것"이라고 말하며 가장 위태로운 시기에 "아들, 남편, 형제들을 한국에 보내준 미국의 어머니들"에게 특별히 감사했다. 생중계 시간이 끝난 후 다시 마이크를 잡은 이 대통령은 "아이젠하워 대통령이 프롤레타리아 독재자라고 생각하지 않습니다"라고 말해 웃음을 자아낸 후 "그는 미국 국민의 여론에 따라야 합니다 … 공산주의자의 팽창을 막기 위해 할 수 있는 모든 일을 빨리할수록 상황이 더 나아질 것"이라고 호소했다.

한미재단은 아이젠하워 대통령과 이승만 대통령이 관심을 기울였던 민간단체였다. 1940년대 푸랜시스카와 이 대통령이 참여했던 한미협회에 비해 훨씬 규모가 컸지만 그 정신은 계승되었다.

한미재단의 이사장은 아이젠하워 대통령의 동생이자 펜실베니아대학교 총장이었던 밀튼 S. 아이젠하워가 맡았다가 제임스 밴 플리트가 맡았다. 밀튼 S. 아이젠하워는 주한 미국대사 엘리스 브릭스, 주미 한국대사 양유찬과 함께 명예 이사장을 맡아 계속 재단에 기여했다. 한미재단 총재(President)는 뉴욕대학교 교수로서 전쟁 부상자들의 재활에 기여하여 각광받고 있던 러스크(Howard A. Rusk) 박사였다.

(사진: 건국이념보급회)

1954.8.2. 월요일. 저녁 8시 이후. 뉴욕 월도프-아스토리아호텔.

한미재단 총재 러스크 박사에게 대한민국 훈장을 수여하고, 담소를 나누는 이 대통령의 건너편에 푸랜시스카가 보인다. 이 날 이 대통령은 여러 차례 마이크를 잡고 즉흥 연설을 했고, 푸랜시스카는 늦은 시간 청중을 고려해서 너무 길게 말하지 말라는 신호를 여러 번 보냈다. 러스크 박사에게 수여된 한글 훈장증은 양유찬 대사가 영어로 소개했다.

> "대한민국은 인도주의자, 의사, 편집인 하워드 러스크 박사에게 국민훈장을 수여합니다. … 러스크 박사는 … 전쟁으로 수족이 절단된 많은 환자의 비극적인 고통을 조사했고 … 인공수족을 제공하는데 필요한 방법과 계획을 개발했습니다. … 그는 한국의 많은 고아원, 요양기관, 빈민구제 기관 등을 방문했으며 기금 모금에 적극적인 리더십을 발휘했습니다."

뉴욕대학교 교수였던 러스크(Howard A. Rusk) 박사는 제2차 세계대전 부상자들을 위한 재활의학(rehabilitation medicine)을 크게 발전시켜 각광을 받고 있었다. 그는 제2차 세계대전 부상자들의 재활에 이어서 6.25전쟁 부상자들의 재활에도 관심을 기울였다. 한미재단의 역할은 재활 부문에 국한되지 않고, 보건의료 전반과 농촌 4-H클럽 지원, 지역사회개발, 교육, 사회복지, 주택 등 여러 분야를 망라했다.

(사진: 대한민국 공보처)

1954.8.3. 오전 11시. 뉴욕.

이 대통령은 국제연합(UN) 본부를 방문하여 스웨덴 출신 사무총장 함마르셸드(Dag Hammarskjold, 이 대통령 바로 옆)의 영접을 받았다. 함마르셸드 사무총장은 1961년 아프리카 현지 조사 중 별세했다.

임병직 국제연합(UN) 주재 한국 대사와 양유찬 주미 한국 대사가 수행했다. 함마르셸드 왼쪽의 인물은 1946년부터 1961년까지 국제연합 사무차장을 지낸 코르디어(Andrew Wellington Cordier, 1901~1975)로 추정된다. 소련과의 불화로 국제연합(UN)을 떠난 코르디어는 1968년부터 1970년까지 컬럼비아대학교 총장을 지낸다.

이 날 이 대통령 일행은 설즈버거(Arthur Hays Sulzberger, 1891~1968, 위 작은 사진) 『뉴욕 타임스』 발행인과 오찬을 함께 했다. 설즈버거는 부산 대통령 임시관저로 이 대통령을 예방한 바 있다. (『푸랜시스카 사진의 한국사』 참고).

이 날 만찬은 웹 앤 냅(Webb & Knapp)이라는 부동산 개발 회사를 방문한 후 이 회사 대표 제켄도르프(William Zeckendorf, 1905~1976, 아래 작은 사진)와 함께 했다. 한미재단 이사로 활동하던 제켄도르프는 국제연합(UN) 본부 건물이 들어선 토지를 개발했고, 크라이슬러 빌딩을 소유했던 뉴욕 부동산업계의 거물이었다. 1953년 아이젠하워 대통령의 요청으로 전후 재건 사업을 위해 한국을 방문했다. 이 대통령은 방미 이전부터 제켄도르프와 국민주택보급사업을 협의 중이었다. 당시 제켄도르프의 회사에 근무했고, 훗날 파리 루브르 박물관 앞 유리 피라미드 등을 설계한 건축가 페이(I. M. Pei)가 한국에 조립식 다층건물을 보급하는 계획을 세웠다. 한국형 후생주택 설계기사로 선정되었던 강명구도 록펠러재단의 도움을 받아 제켄도르프의 회사로 파견되었다. 6.25전쟁 이후 재건과정에서 한국형 아파트 구상은 뉴욕 맨해튼에서 시작된 셈이다. 제켄도르프는 1966년 서울을 방문하여 서울시 행운의 열쇠와 중앙대학교 명예 법학박사 학위를 받았다.

유대계 미국인이었던 제켄도르프의 회사는 1965년 파산했지만, 그의 아들 제켄도르프 주니어가 대를 이어 1986년 맨해튼에서 가장 활동적인 부동산 개발업자로 소개되었다.

(사진: 대한민국 공보처)

1954.8.4. 시카고. 드레이크 호텔.

뉴욕을 떠나 시카고에 도착한 푸랜시스카와 이 대통령 일행은 드레이크 호텔(Drake Hotel, 왼쪽 아래 사진)에서 오찬 모임을 가졌다.

케넬리 시카고 시장, 콜터 시카고 상공회의소(Chicago Association of Commerce and Industry) 회장을 비롯한 지역 유지들이 주최했다.

케넬리(Martin Henry Kennelly, 1887~1961, 이 대통령의 왼쪽, 오른쪽 아래 사진에서 1948년 트루먼 대통령과 함께 촬영)는 민주당 소속으로 1947년부터 1955년까지 시카고 시장을 지낸 정치적 거물이었다. 콜터(Thomas Henry Coulter, 1911~2003, 오른쪽의 위 사진)는 캐나다 아이스 하키 선수 출신으로 미국으로 이주하여 1954년부터 27년간 시카고 상공회의소 회장을 지냈다.

(이승만 대통령 사진: 대한민국 공보처, 다른 사진들: 공공사진)

1954.8.5. 오전. 인디펜던스, 미주리. 트루먼 전 대통령 사저 현관 앞.

푸랜시스카와 이 대통령은 시카고에서 캔자스 시티 공항으로 이동, 미 국무부가 제공한 자동차에 분승하여 미주리주 인디펜던스에서 은퇴생활 중이던 트루먼 전 대통령을 예방했다. 양유찬 주미 한국대사가 수행했다.

소박했던 트루먼(Harry S. Truman, 1884~1972) 전 대통령은 1945년 4월 12일부터 1953년 1월 20일까지 미국 대통령으로 재임하면서 코리아의 운명을 바꾼 결정들을 많이 했다.

삼팔선 이남 한반도 미군정의 책임자였던 하지 중장과 1947년 독대하여 이승만에 대해 비판적이던 하지의 의견을 경청하고 제2차 미소공동위원회 개최를 지지했다. 그러나 제2차 미소공동위원회 마저 결렬되자 1948년 8월 대한민국 독립, 같은 해 12월 12일 국제연합(UN)의 대한민국 승인을 후원했다. 1950년 6.25전쟁 발발 직후 미군 파병을 결정했고, 1951년 4월 맥아더 원수를 해임하고 정전협상을 추진하는 결정을 내렸다. 이 대통령은 트루먼 대통령의 1950년 결정에 대해 깊이 감사했지만 1951년 결정들에 대해서는 비판적이었다.

두 전현직 대통령들 사이로 푸랜시스카가 보이고, 그 옆에 트루먼 전 대통령 부인 엘리자벳(Elizabeth Virginia Truman, 1885~1982)이 서있다. 베스라는 애칭으로 불렸던 그녀의 결혼 전 성은 월리스(Wallace)로서, 트루먼의 경쟁자였던 헨리 월리스(Henry Agard Wallace, 1888~1965)와 공교롭게도 성이 같았다. 이 대통령과 푸랜시스카 일행은 이날 정오 다시 캔자스 시티 공항으로 가서 로스엔젤레스로 출발했다.

(사진: 대한민국 공보처)

1954.8.5. 로스엔젤레스 시청 대회의실.

캔자스시티 공항에서 출발 오후 2시 로스엔젤레스 공항에 도착한 이 대통령 일행은 폴슨(Charles Norris Poulson, 1895~1982) 시장 등의 환영을 받았다. 위 사진에서 깁슨(John S. Gibson, Jr) 시의회 의장 부인으로부터 극락조(the crane flower; bird of paradise; Strelitzia reginae)로 만든 환영 꽃다발을 받는 푸랜시스카가 보인다. 남아프리카가 원산지인 극락조는 이 대통령과 푸랜시스카가 방문하기 2년 전인 1952년 로스엔젤레스를 상징하는 시화(市花)로 선정된 바 있었다. 깁슨 의장은 "극동지역 자유세계의 챔피언" 이라고 적힌 기념증서를 이 대통령에게 증정했다.

1954.8.5. 로스엔젤레스 시청 대회의실.

로스엔젤레스 시의회 주최 환영행사에 참석한 이 대통령과 푸랜시스카. 이 대통령은 깁슨 의장의 환영사에 이어서 예정에 없던 즉석 영어연설을 했다. 먼저 합창단이 "얼굴을 보지 않고 들으면 한국인들이 부르는 것으로 알았을 정도로" 또렷한 한국어로 애국가를 불러준 것에 대해 감사했다.

그리고 "전쟁은 악"이지만 "전쟁의 공포보다 더 끔찍하고 무서운 것"이 있다고 역설했다. 한국은 일본의 지배를 받으며 "자유가 없는 국민은 죽은 것이며, 오히려 죽음보다 더 나쁜 상태라는 것을 깨달았다"고 했다. 그러면서 "현재 몇몇 유럽 국가가 주장하는 것과 같은 공존은 없다"고 하면서 천연두와 같은 전염병과 같이 살 수 없듯이 "이 시대에 가장 나쁜 전염병"인 공산주의와 공존할 수 없다고 주장했다.

로스엔젤레스 어디를 가나 미국인들이 이 대통령의 손을 잡고는 "나는 한국에 2년 있었다," "3년 있었다," "1년 반 있었다," "4년 있었다"라는 말들을 한다고 했다. 어느 대령은 다리를 다쳐서 목발을 짚고 있었다고도 했다. 이 대통령은 "미국 젊은이들이 결코 다시 한국에 올 필요가 없도록 한국의 국방력을 증강하는데 도움이 되는 방법을 아이젠하워 대통령이 강구하고 있을 것으로 확신한다"고도 했다.

미국 유학 시절부터 연설활동을 통해 공공외교를 전개했던 이 대통령 답게 미국의 민주적 여론에 호소하여 아이젠하워 행정부의 정책에 영향을 미치는 화법을 구사했던 것이다.

1954.8.5. 로스엔젤레스 영사관.

진필식 영사의 안내를 받는 이 대통령과 푸랜시스카. 양유찬 주미 대한민국 대사의 뒷모습도 보인다.

진필식(1923~2008)은 충청남도 연기군에서 태어나 해방 이전 경성제국대학 예과를 수료했다. 일제의 학병에 동원되었다가 8.15해방을 대륙에서 맞이했고, 귀국 후 복학하여 1948년 서울대학교 정치학과를 졸업했다.

1948년 대한민국 독립정부 외무부의 주사(서기 위의 직급)로 임용되어 조사국 정치조사과 계장, 1949년 5월 통상국 정책계장, 8월 정무국 구미(歐美)계장을 거쳐 1950년 정무국 정책계장에 보임되었다.

6.25전쟁 중인 1952년 7월 샌프란시스코 주재 총영사관 부영사, 1954년 7월 로스엔젤레스 주재 총영사관 영사(총영사대리)가 되어 이 대통령과 푸랜시스카 일행의 로스엔젤레스 방문을 수행했다.

이후 이승만정부에서 재일동포북송문제, 한일회담 등 굵직한 외교현안에 참여했다. 칠레대사를 거쳐 1967년 44세의 나이에 외무차관이 되었으나 1975년 서독 대사로 있던 중 본국으로 소환되어 전격 경질된 후 외교부를 떠났다. 1979년 대사로 재직했던 캐나다로 이주해서 소매업에 종사하는 등 청렴하게 생활했다. 1999년 대한민국 외교안보연구원을 통해 『외교관의 회고: 진필식 대사 회고록』을 남겼다.

1954.8.6. 정오 이후. 로스엔젤레스 빌트모어(Biltmore)호텔.

세계문제협의회(World Affairs Council)가 주최한 오찬에서 초청 연설하는 이 대통령. 주미 대사관의 한표욱은 이 연설이 이 대통령의 미국 연설들 중 가장 중요한 연설이 될 것이라고 예고했다. 이 날 행사는 이 대통령을 암살하겠다는 협박편지에도 불구하고 강행되었다. 어윈(John Erwin, 1909~1995) 부시장은 이 대통령의 생애를 요약한 후 그가 미국의 조지 워싱턴, 멕시코의 미구엘 히달고, 남미의 시몬 볼리바와 같은 인물이라고 소개했다.

이 대통령은 긴 연설에서 "한반도에서의 임시적 정전은 결코 평화가 아니라 공산주의자들이 다음의 맹공을 준비하기 위한 휴식 기간에 지나지 않는다"고 주장했다. 한국인은 남녀노소를 막론하고 모두 패트릭 헨리의 말처럼, "자유가 아니면 죽음을 달라"고 외치고 있다고도 했다. 실제로 당시 대한민국 국회는 조봉암 국회부의장의 사회로 북진통일 결의안을 만장일치로 통과시켰다. 정전협정이 체결되었을 때는 비관해서 자살하는 사람도 있었다. 대한민국 헌법이 영토로 규정하고 있는 "한반도와 그 부속도서"를 통일하는 것은 국민적 의무였다. 그러나 미국 내에서는 롤백 전략 대신 봉쇄 전략에 기초해서 한반도 정전상태를 지속하고자 하는 여론이 강해지고 있었다.

(큰 사진: 대한민국 공보처)

1954.8.6. 로스엔젤레스 앰버서더 호텔.

LA지역 민간과 기업 리더들, 그리고 한국교민들을 위해 개최한 리셉션에서 LA상공회의소 소장 디토이(Charles Detoy, 1897~1970)와 그의 부인 헨리에타(Henrieta Johnson Detoy)와 인사를 나누는 이 대통령과 푸랜시스카, 그리고 양유찬 주미 한국 대사.

디토이 부부의 아들 찰스 존슨 디토이는 제2차 세계대전 당시 프랑스전선에서 척후병으로 참전하여 미국 정부로부터 훈장을 받았다. 6.25전쟁 중에는 CIA에서 활동하며 대한민국 수호에 기여했다. 아버지 디토이(사진 속 인물)가 1970년에 별세하자 1972년 부모의 이름을 딴 자선재단(Charles And Henrietta Johnson Detoy Foundation)을 설립했다.

1954.8.7. 오전. 로스엔젤레스를 떠나 샌프란스시코로 향하며.

이 날 오전 9시 이 대통령과 푸랜시스카는 로스앤젤레스 공항을 출발해서 오전 10시 40분 샌프란시스코 공항에 도착했다. 로빈슨(Elmer Edwin Robinson, 1894~1982) 시장과 주영한 샌프란시스코 총영사의 영접을 받았다. 이 대통령은 미국에서의 대한독립운동 기간 중에 이미 샌프란시스코를 여러 번 방문한 바 있었다.

(연세대학교 이승만연구원 소장)

1954.8.7. 오전. 샌프란시스코 프레시디오.

금문교(Golden Gate Bridge)와 연결되어 있는 샌프란시스코 북부 프레시디오의 미 제6군 사령부에서의 사열식. 21발의 예포가 포성을 울리고, 애국가가 연주되었다. 의장대는 전원 코리아전쟁 참전용사들로 구성되었다. 1953년 한미상호방위조약 체결 이후 아직 양국의 비준은 이루어지지 않고 있었지만 동맹국 정상에 대한 의전은 극진했다. 프레시디오 군 기지였던 장소는 현재 금문교가 보이는 관광공원으로 조성되어 있다.

1954.8.7. 오전. 샌프란시스코 프레시디오 미 제6군 사령부.

사령관 와이먼(Willard G. Wyman) 중장과 딘(William Dean) 소장의 영접을 받는 이 대통령과 프랜시스카, 그리고 주영한 샌프란시스코 총영사. 두 사진에서 이 대통령과 손을 잡고 있는 딘 소장은 해방 이후 미군정 장관을 지냈을 때, 그리고 6.25전쟁 초기 조선인민군의 포로가 되었다가 1953년 포로 교환으로 귀환할 때, 이승만, 프랜시스카 부부를 만났었다.

(위 사진: 건국이념보급회, 아래 사진: 대한민국 공보처)

1954.8.7. 오후 1시 이후. 샌프란시스코 커먼웰스 클럽.

이 대통령은 약 500명의 여론주도층 인사들 앞에서 연설했다. 로빈슨(Elmer Edwin Robinson, 1894~1982) 샌프란시스코 시장이 캘리포니아산 삼나무로 만든 의사봉(gavel)을 선물하자 이 대통령은 "세계의 질서와 평화를 요구하는데 사용하겠다"고 답사했다. 이 날 연설에서 이 대통령은 "공산주의를 저지할 수 없으므로 공산주의를 옹호하는 자들을 내버려 두어야 한다고 주장하는 자들은 패배주의자들이며 우리의 적"이라고 역설했다. 유럽 국가들의 중립주의를 비판하면서 "공산주의와 민주주의의 투쟁에서 중립은 없다"고도 했다. 이 대통령은 "공산주의에 대항할 준비를 해야 하고, 그런 준비가 끝나면 우리는 이길 수 있다는 자신감을 가질 수 있고, 항구적인 평화를 이룩할 수 있다"는 말로 약 30분 간의 연설을 마쳤다.

(사진: 대한민국 공보처)

1954.8.7. 오후. 샌프란시스코 주재 대한민국 총영사관 리셉션 추정.

주영한(朱榮翰) 샌프란시스코 총영사(나비 넥타이를 하고 안경을 착용한 인물)의 영접을 받는 이 대통령과 푸랜시스카. 주영한 총영사와 양유찬 주미 한국 대사가 무엇인가 토론을 벌이고 있는 중에 이 대통령이 주영한의 팔을 잡고 있다(위 사진). 주영한은 1894년에 출생하여 부친을 따라 하와이로 이민을 갔다. 1913년 6월 이승만이 새롭게 발전시킨 한인중앙학원의 전신인 한인기숙학교를 졸업했다. 1914년 4월 한인중앙학원 학생들이 중심이 되어 결성한 금주회(회장 양유찬)에서 서기로 활동하면서 술, 담배, 놀음, 아편을 금지하는 절제운동을 전개했다. 1916년 12월 대한인국민회 로스앤젤레스(나성) 지방회 학무 담당 임원으로 선임되어 활동을 이어갔다. 오하이오 주의 클리블랜드와 애크론에서 생활하며 대한독립운동을 전개했다. 푸랜시스카 옆에 한복입은 서양 여인은 주영한 총영사의 부인으로 주영한과 함께 대한독립운동에 참여했었다.

1954.8.7. 샌프란시스코 주재 대한민국 총영사관.

1898년 시애틀에서 창립된 우애단체 독수리형제기사단(Fraternal Order of Eagles; F.O.E., 작은 사진이 이 단체의 로고) 관계자를 접견하는 이 대통령과 푸랜시스카.

사진 속의 표창장은 6.25전쟁으로 고통받던 한국을 위해 F.O.E. 캘리포니아 오클랜드 지부장 루이스 스미스(Louis Smith)가 전개했던 민간원조활동을 기리는 내용이다. 표창장을 받고 있는 인물이 스미스로 추정된다. 해방 전 미국에서 이승만의 독립운동을 도왔던 주영한 샌프란시스코 주재 한국 총영사 부부가 함께 했다.

1954.8.7. 저녁. 샌프란시스코.

프레스 앤 유니온 리그 클럽(The Press & Union League Club of San Francisco) 초청 만찬에 참석한 이 대통령과 푸랜시스카. 이 클럽은 서부지역의 유명한 엘리트 클럽으로 1956년에는 해리 트루먼 전 대통령도 만찬에 초대한다.

푸랜시스카의 오른쪽에 양유찬 주미 한국 대사, 사진 맨 오른쪽에 최순주 민의원 부의장(작은 사진)이 보인다. 최순주는 중동학교, 연희전문 상학과를 졸업한 후, 뉴욕대학교에 유학했다. 연희전문 교수, 조선은행 총재, 재무장관 겸 기획처장, 자유당 산업부장, 한국무역협회 회장 등을 역임했다. 1954년 11월 사사오입 개헌이라 불리는 제2차 개헌안이 국회에서 통과될 당시 사회를 맡았다.

(사진: 연세대 이승만연구원, 작은 사진: 공공사진)

1954.8.8. 일요일 이른 아침. 샌프란시스코 주재 한국 총영사관.

이 대통령, 푸랜시스카 일행과 함께 오전 예배에 참석하기 위해 모인 재미한인들. 베이 시티 한인 감리교회의 안 피터 목사와 버클리 한인 감리교회 C. S. 김 목사가 예배를 진행했다. 이 대통령은 청중을 향해 한국어로 "한국은 과거에 여러 시련을 극복했고, 지금 공산주의와의 전투라는 가장 큰 시련이 앞에 있지만 하나님께서는 이 결정적인 순간에 우리와 함께 하실 것"이라고 역설했다.

(아래 오른쪽 사진: 대한민국 공보처)

1954.8.8. 샌프란시스코 코스트가드(Coast Guard) 공항.

샌프란시스코 주재 한국 총영사관에서의 주일 예배 및 동포 모임을 마치고, 공항에 도착하여 고별 연설을 하는 이 대통령 옆에 푸랜시스카, 양유찬 주미 한국 대사, 주영한 샌프란스시코 주재 한국 총영사 등이 보인다. 고별연설에서 이 대통령은 "한미 양국이 완전하고 긴밀하게 협조하여 한반도 통일을 실현하고, 정의와 자유, 그리고 영구평화가 보장되는 세계를 만들 수 있다고 확신한다"는 말로 미국 본토에서의 긴 여정을 마쳤다.

(아래 사진: 건국이념보급회)

1954.8.8. 일요일. 샌프란시스코 코스트가드(Coast Guard) 공항.

샌프란시스코를 떠나는 푸랜시스카와 이 대통령. 디언 홈 시장 대리와 담소하는 푸랜시스카가 보인다. 손을 흔드는 이 대통령 옆에는 주영한 샌프란시스코 주재 한국 총영사가 서있다. 미국 측이 이 대통령과 푸랜시스카 일행의 방미를 위해 제공한 미 군용 특별기는 1백 여명이 탈 수 있는 비행기로 서울과 교신할 수 있는 통신시설이 갖춰져 있었고, 침실과 응접실도 마련되어 있었다. 이 대통령과 푸랜시스카는 샌프란시스코에서 하와이로 향했다.

1954.8.8. 18시 30분(호놀룰루 시간). 호놀룰루 히컴(Hickam) 공군기지.

이 대통령과 푸랜시스카 일행을 환영나온 킹(Samuel Wilder King, 1886~1959) 하와이 영토 지사(Territorial Governor) 부부, 태평양함대 사령관 스텀프(Felix B. Stump, 1894~1972) 제독 부부, 오중정 총영사, 그리고 환영나온 교민들. 하와이가 아직 미국의 50번째 주가 되기(1959.8.21) 전이었다. 이 대통령과 푸랜시스카의 숙소는 태평양함대 사령관 관저 인근의 마칼라파 영빈관(Makalapa Guest House)이었다.

하와이에서는 스텀프 사령관 주최 리셉션, 살로메 한(한인양노원 원장) 초청 파티, 펀치볼 국립묘지 참배, 한인기독교회 방문, 동지회 회관 방문, 한인 양로원 방문, 대한민국 총영사관 리셉션, 킹 하와이 영토지사 주최 리셉션, 그리고 8월 11일 하와이 노인동포 초청 고별 오찬 등의 바쁜 일정이 이어졌다. 푸랜시스카는 25세 연상의 신랑 이승만과 1935년 1월 하와이에서 신혼살림을 시작했었다.

(『푸랜시스카 사진의 한국사 I』 참고)

1954.8.9. 마칼라파(Makalapa) 영빈관.

미 태평양함대 사령관 스텀프(Felix B. Stump) 제독으로부터 환영 화환을 받고, 이 대통령과 함께 스텀프 제독 부부 주최 리셉션에 참석한 푸랜시스카. 스텀프 제독은 제2차 세계대전 발발 당시 마닐라만에서 일본군의 공격을 받았고, 1944년 필리핀을 일제로부터 해방시키기 위한 레이테만 상륙작전에도 참가했었다. 1941년부터 1945년까지의 미일전쟁에서 일본군과 참혹한 전쟁을 치렀던 그는 같은 시기 미국에서 대한독립운동을 했던 이 대통령과 통하는 바가 많았다.

1954.8.10. 오전. 아이올라니 궁(Iolani Palace) 하와이 영토지사 사무실.

킹(Samuel W. King) 하와이 영토 지사가 전날 영빈관으로 예방한 이후 아이올라니 궁으로 답방한 이 대통령과 푸랜시스카. 하와이 대한독립운동 시기 이승만에게 교육받았던 양유찬 주미 한국 대사의 모습도 보인다. 양유찬은 보스턴 의대 졸업 후 하와이에서 산부인과 병원을 운영했고, 이승만이 발전시킨 하와이 한인기독학원 이사장으로도 일했다. 1955년 병약했던 이기붕을 대신해서 부통령 출마설이 돌기도 했다. 당시 주한미군 소령으로 근무하던 양유찬의 아들을 김창용 특무부대장이 접촉했다는 증언도 있다.

오른쪽 사진은 이상범이 그린 〈아침〉이라는 그림에 관해 설명하고 있는 이 대통령. 이상범은 『동아일보』 학예부에서 삽화를 그리다 1936년 베를린 올림픽 마라톤에서 금메달을 딴 손기정 선수 사진에 있는 일장기를 말소한 사건에 연루되어 고초를 겪었다. 이 대통령 일행이 아이올라니 궁을 방문하는 동안 많은 사람들이 이들의 모습을 카메라에 담았다.

이 대통령은 아이올라니 궁을 나와 과거 하와이에 거주했을 당시 친숙했던 *Honolulu Advertiser*와 *Honolulu Star Bulletin* 등의 언론사를 예정없이 방문해서 편집인, 발행인 등과 면담했다. 이 대통령은 대한독립운동을 위해 언론과 친밀한 관계(press friendly)를 유지했었다.

1954.8.10. 하와이 한인 기독교회.

이 대통령과 푸랜시스카는 펀치볼(Punchbowl) 국립묘지에서 6.25전쟁 전사자들에게 헌화한 이후 신혼 시절 헌신했던 하와이 한인 기독교회 환영모임에 참석했다. 1954년 당시 이 교회의 교인 수는 약 1천 명 정도였다.

1954.8.10. 누아누 밸리(Nuuanu Valley) 묘지.

한인기독교회 일정을 마친 이 대통령과 프랜시스카는 누아누 공동묘지로 가서 옛 동지들의 묘소에 헌화했다.

이 곳에 묻혀 있는 김성기 목사는 이승만이 대한민국임시정부가 있던 상하이 프랑스조계에서 돌아와 동지촌을 설립할 때 그를 도왔던 동지회 지도자 겸 목회자로서, 이승만이 "하와이 한인들 중에서 … 가장 신뢰하고 의지해 온 친구"였다. 1933년 7월 그의 갑작스런 죽음으로 인한 충격은 독립자금을 마련하기 위해 함께 세웠던 동지식산회사의 강제경매로까지 이어졌었다.

이승만은 1933년 국제연맹 외교를 위해 스위스에서 활동 중 소련과의 외교를 위해 모스크바까지 갔다가 추방당해 돌아온 7월 26일 아메리칸 익스프레스를 통해 그의 죽음과 동지식산회사 강제경매소식을 접하고 큰 충격을 받았었다.

1954.8.10. 오후 2시 30분 이후. 호놀룰루.

이 대통령과 푸랜시스카는 마칼라파 영빈관에서 오찬을 마친 후 교포들이 경영하는 상점 등을 둘러보며 격려했다.

1954.8.10. 한인은퇴남성의 집(Korean men's retirement house)과 하와이 주재 한국 총영사관

이 대통령과 푸랜시스카는 동지회관을 거쳐 한인은퇴남성의 집을 방문했다. 이 시설은 1949년 인하대학교 창립 자금을 보태고 문을 닫았던 한인기독학원의 시설을 활용하여 만들어졌다. 왼쪽 가슴에 포켓치프를 한 오중정 총영사, 정순예 대한부인구제회장의 모습도 보인다.

아래 사진에서 하와이 주재 한국 총영사관에서 주최한 70세 이상 한인 노인 동포 초청 고별 오찬에서 선물을 들고 기뻐하는 푸랜시스카가 보인다.

1954.8.10. 하와이 주재 대한민국 총영사관.

하와이 주재 대한민국 총영사관 주최 리셉션에서 현지 인사들을 영접하는 이 대통령과 푸랜시스카. 양유찬 주미 한국 대사의 모습도 보인다. 이 날의 촘촘했던 일정은 오후 10시 30분이 되어서야 끝이 났다.

1954.8.11. 오후. 하와이 히컴 공군기지. 8.13. 김포공항.

귀국 비행기에 오르는 이 대통령과 푸랜시스카(위 사진). 오전에는 마칼라파 영빈관에서 고별 기자회견이 있었다. 이 자리에서 이 대통령은 영어 단어 767개 분량의 공식 성명을 발표했다. 이 대통령은 "미국 독립의 아버지들이 인권을 침해하는 적들에 대항하여 적절한 때에 투쟁하는 것을 주저하지 않았다"고 했다. 자신의 기도는 "미국이 자신을 구하기 위해서 적시에 결정을 내리고, 그로 인해서 우리 모두를 구해 주십사 하는 것"이라는 말로 공식 성명을 마쳤다. 성명 이후 이어진 기자들의 질문에 "승리하든지 패배하든지 우리는 북진을 원하고 있다"며 "압록강까지 밀고 올라갈 수 있다"는 확신을 내비쳤다.

기자회견을 마친 이 대통령과 푸랜시스카는 하와이 대학교에 들른 후 호놀룰루 주재 한국 총영사관에서 70세 이상의 동포들과 오찬을 함께 했다. 오후 2시 30분부터 숙소에서 휴식을 취한 후 3시 20분 히컴 공군기지로 향했다. 이 대통령과 푸랜시스카가 탑승한 미국 공군기는 웨이크섬과 유황도(이오지마)를 경유 8월 13일 오전 11시가 조금 못되어 김포공항에 착륙하여 변영태 국무총리, 이기붕 민의원 의장, 테일러 미 8군 사령관 등의 환영을 받았다(아래 사진).

이 대통령은 귀국 성명을 통해 18일 간의 방미 활동을 요약하고, 아이젠하워 대통령 부부, 닉슨 부통령 부부, 윌리엄 노우랜드 상원 다수당 원내대표, 조셉 마틴 하원 의장, 그리고 존 포스터 덜레스 국무장관의 환대에 특별히 사의를 표했다. 아울러 두 나라의 우정이 매우 긴밀하며 미국 여론이 한국민의 자유를 위한 투쟁을 지지하고 있다고 역설했다.

(위 사진: 대한민국 공보처, 아래 사진: 건국이념보급회)

1954.8.15. 중앙청.

광복절 및 대통령 재취임 제2주년 기념행사에 참석한 이 대통령과 푸랜시스카. 당시의 염원을 담은 양쪽 현수막들에는 "조국통일 성취는 八.一五[8.15] 감격으로," "리 대통령 밧드러 기리빗내자 우리의 강토"라고 쓰여 있다.

(사진: 국정홍보처)

1954.8.23. 오전. 서울운동장.

전국애국단체연합회가 주최한 “이 대통령 방미 귀국 환영 국민대회”에 참석한 이 대통령과 푸랜시스카. 위 사진에서 축하공연을 하는 어린이들의 모습을 바라 보고 있다. 단상 위 오른쪽 끝에 1954년 6월 27일 이후 국무총리를 겸하고 있던 변영태 외무장관의 모습이 보인다. 그는 1953년 체결된 한미상호방위조약에 서명을 남겼다. 1954년 11월에 실행된 제2차 개헌(사사오입 개헌)에 따라 국무총리제가 폐지됨에 따라 변영태는 1955년 7월 28일까지 외무장관 직만을 맡게 된다.

(사진들: 건국이념보급회)

1954.9.3. 경무대.

빈민들에게 구호금을 전달하는 푸랜시스카.

(사진: 국정홍보처)

1954.10.1. 한강 남쪽 언덕 정심공원 (명수대).

제6회 항공의 날, 공군 창설 6주년 기념식에 참석한 이 대통령과 푸란시스카 뒤로 변영태 국무총리 겸 외무장관, 공군모를 손에 들고 있는 미 제5공군 사령관 래미(Roger M. Ramey) 중장 등의 모습이 보인다. 갈홍기 공보처장 등이 수행했다.

1954.10.6. 용산 테니스코트.

테니스 시범경기를 관람하는 이 대통령과 푸랜시스카.

이 대통령의 오른쪽으로 테일러 미8군 사령관, 이기붕 민의원 의장 등이 앉아 있다. 푸랜시스카의 왼쪽으로 테일러 사령관 부인으로 추정되는 여성, 변영태 국무총리 겸 외무장관, 미상의 인물, 그리고 손원일 국방장관이 보인다.

이기붕은 이범석 중심의 족청계가 밀려 나면서 자유당의 새로운 실력자로 떠올랐다. 이기붕은 1953년 11월 자유당 중앙당부 총무부장과 중앙위원회 의장이 되었고, 1954년 3월에는 자유당 서울특별시당부 위원장이 되었다. 1954년 5월 20일 제3대 국회의원 선거에서 서대문구에서 당선된 그는 민의원 의장이 되었다. 미국은 만주에서 항일독립운동을 했던 이범석의 족청계보다 미국에서 항일독립운동에 참여했던 이기붕을 온건파로 보고 선호했다. 그러나 그는 미국에 가서 신병 치료를 받고 돌아와야 할 정도로 건강이 좋지 않아 이 대통령의 후계자가 되기에는 자타가 인정할 수 밖에 없는 한계가 있었다. 이기붕의 그러한 한계는 오히려 권력서열 제3위의 자리를 놓고 치열한 경쟁이 벌어지게 만든 요인이 되기도 했다.

1954.10.20. 6군단.

6군단 작전권 인수식에 참석한 이 대통령이 중장으로 진급한 이한림 6군단장(왼쪽 작은 사진)에게 계급장을 달아주고 있다. (아래 큰 사진).

이 대통령은 이 날 김종오 1군단장, 장도영 2군단장(오른쪽 작은 사진), 송요찬 3군단장에게도 중장 계급장을 수여했다.

1961년 5.16군사정변 당시 이한림 제1군 사령관은 박정희 소장이 주도한 군사정변에 반대했던 데 비해 장도영 육군 참모총장은 무혈 군사정변에 가담하여 군사혁명위원회 의장, 국가재건최고회의 의장을 맡았다.

당시 이 대통령은 한국군 육성에 심혈을 기울였다. 한국군은 이 대통령의 교육입국론에 따라 크게 성장했던 대학생 조직과 함께 근대화된 조직으로 성장하고 있었다.

1954.10.31. 서울운동장.

육군 제2군 창설식 및 육군 의장대 시범대회에 참석한 이 대통령과 푸랜시스카. 11월 3일 대구에서 거행될 예정이었던 제2군 창설식이 10월 31일 서울운동장에서 육군 의장대 시범대회와 함께 거행되었다.

푸랜시스카의 왼쪽으로 함태영 부통령, 변영태 국무총리, 손원일 국방장관 등이 서있다. 이 대통령의 오른쪽으로 정일권 대장, 테일러 미8군 사령관, 이기붕 민의원 의장 등이 서있다.

제1군이 담당하는 전방 지역을 제외한 후방 지역 및 예비군을 관할하는 제2군의 창설로 교육총본부를 포함한 3개 분야의 한국군 편제가 일단락되었다.

1954.11.2. 경무대.

뉴욕시장 와그너 2세(Robert Ferdinand Wagner II, 1910~1991, 작은 사진)가 보낸 뉴욕 방문 기념 사진첩을 보며 미소짓는 푸랜시스카. 와그너 2세는 1954년 1월 1일부터 1965년 12월 31일까지 뉴욕 시장을 지낸 미국 정계의 거물이었다.

(작은 사진: 공공사진)

1954.11.6. 강원도 양구.

아이젠하워 행정부가 1953년 12월 발표한 주한 미군 감축 정책에 따라 여섯 번째로 한국을 떠나는 미 보병 제24사단의 이한(離韓) 기념식에 참석하기 위해 비행기에서 내린 푸랜시스카가 환영 꽃다발을 받고 있다. 손원일 국방장관이 수행했다. 미 보병 24사단은 1950년 대전방어전을 수행했던 사단으로 당시 퇴각하던 딘 사단장이 한국인들의 밀고로 조선인민군의 포로가 되기도 했다.

1954.11.22. 오후 2시경. 서울운동장.

주한 미8군 사령관 맥스웰 D. 테일러 대장 환송 및 무공훈장 수여식에 참석한 이 대통령과 푸랜시스카. 테일러 부인의 오른쪽으로 함태영 부통령, 푸랜시스카의 왼쪽으로 김병로 대법원장의 모습이 보인다.

21발의 예포가 발사되었고, 이 대통령이 직접 테일러 대장의 가슴에 금성태극훈장을 달아 주었다. 오후 7시 30분부터 서울시 공관에서는 김태선 서울시장이 주최하는 테일러 대장 환송음악회가 개최되었다. 이임 후 테일러 대장은 미 육군 참모총장, 합참의장 등의 요직을 맡는다.

11월 17일 서울에서 한미합의의사록 서명이 이루어지고 18일부터 한미상호방위조약이 발효됨으로써 한미 군사관계는 새로운 단계로 진입하고 있었다. (아래 사진: 건국이념보급회)

일자 미상. 장소 미상.

이 대통령과 푸랜시스카가 이임하는 미 8군 사령관 맥스웰 D. 테일러 대장과 함께 미군 기지 교회 예배에 참석하던 날 촬영된 사진으로 추정된다. 미군 군목의 모습도 보인다.

한미동맹을 뒷받침하는 정신적 유대에 있어서 기독교는 중요한 역할을 담당했다.

1954.11.25. 경무대.

김태선 서울시장과 함께 빈민들에게 구호금과 구호품을 전달하는 푸랜시스카.

(위 사진: 국정홍보처, 아래 사진: 대한민국 국가기록원 나라기록관)

1954년 일자 미상. 경무대.

일자 미상의 다른 날들에 구호품과 구호금을 전달하는 푸랜시스카. 6.25전쟁 이후 전재민 구제는 푸랜시스카의 주요 업무들 중 하나였다. 위 사진 맨 왼쪽의 인물은 이기붕의 소개로 경무대 비서진에 합류한 박찬일로 추정된다. 박찬일은 일본 중앙대(中央大) 전문부를 졸업하고 1946년부터 교편을 잡다가 미국 유학을 떠나 아이오와주립대학을 졸업했다. 이기붕의 추천으로 1954년 경무대 비서가 되었다. 고재봉 비서(위 사진 왼쪽에서 세번째)가 물러난 후 경무대 비서진의 핵심 인물로 성장한다. 박찬일의 매부는 삼호그룹 정재호였다. 1959년 주한 미국 대사 다울링은 박찬일이 경무대의 '문고리 권력'이었다고 보았다. 1960년 이 대통령 하야 후 긴급 구속되었는데, 매부 정재호를 보호하기 위해 외화 유출 관련 조사보고서를 은폐한 혐의를 받았다.

(사진들: 대한민국 국가기록원 나라기록관)

1954.11.27. 논산 육군 제2훈련소.

연무대 휘호석(揮毫石) 제막식에 참석한 이 대통령과 푸랜시스카. 정일권 육군 참모총장의 모습도 보인다. 이 대통령은 '무예를 연마하는 산실'이라는 뜻에서 연무대라는 휘호를 하사했다. 연무대는 6.25전쟁 중인 1951년 11월 1일 육군 제2훈련소로 창설되었다. 1955년 대구 제1훈련소와 통합된 연무대는 1999년 육군훈련소로 개칭되었다.

연면적 136만평의 부지 위에 참모부와 7개 교육연대, 그리고 10개 직할대가 5주간의 신병 훈련 임무를 수행할 수 있는 거대한 규모였다. 1개의 교육대가 약 900여명의 훈련병을 교육, 21개 교육대에서 연간 12만명의 신병 교육훈련 업무를 담당함으로써 6.25전쟁 기간 중 미군이 수행하던 임무를 인수해나갔다. 한국군은 제1공화국에서 대한민국을 움직이는 중추적 조직들 중 하나로 빠르게 성장했다. (아래 사진: 건국이념보급회)

1954.11.27. 논산.

연무대 휘호석 제막식 참석 후 함병선 훈련소장, 정일권 육군 참모총장 등이 지켜보는 가운데 기념식수를 하는 푸랜시스카. 함병선(咸炳善, 1920~2001)은 일본군 지원병 제도가 만들어지자 1938년 평양고보를 중퇴하고 군인이 되어 일본군 준위로 제2차 세계대전 종전을 맞이했다. 1946년 1월 15일 이형근, 정일권, 백선엽, 유재흥, 박기병, 박병권, 민병권, 이한림, 민기식 등과 군사영어학교 1기생이 되어 육군 소위로 임관했다. 육군 소장으로 있던 1954년 7월 18일부터 제2훈련소장 임기를 시작했다.

아래 사진 푸랜시스카 뒷편의 선글래스를 쓴 여군은 김현숙(1915~1981)이다. 평양 출신으로 일본 동경체육전문학교를 졸업하고 평양 강동여자중학교에서 체육교사로 근무하던 김현숙은 1949년 예비역 육군 소위로 임관, 지리산 공비토벌작전 때 여성 빨치산들의 전향을 위해 노력했다. 6.25전쟁이 발발하자 이 대통령에게 여군 창설을 건의했고, 1950년 9월 육군 제2훈련소에 여자의용군교육대를 창설하고 초대 교육대장에 취임했다. 1953년 3월 한국 여군 최초로 대령으로 진급했다.

1954.11.27. 부여.

연무대 휘호석 제막식 참석 후 부여박물관 앞뜰에 진열된 특산품들을 관람하는 이 대통령과 푸랜시스카. 아래 사진은 부여 군창지에서 백제시대 병화로 탄화된 탄화미를 곽영주 총경이 손바닥 위에 올려 놓고 있는 모습으로 추정된다.

1954.11.27. 부여 부소산성.

부여 지역 전체를 조망할 수 있는 부소산성 정상의 사자루(泗.樓)를 관람 중인 이 대통령과 푸랜시스카. 이 대통령 전용 차량의 모습과 환영하는 부여 여중생들의 모습이 보인다. 함병선 논산 훈련소장, 김현숙 대령 등이 수행했다. 부소산성은 백제시대 사비성으로 불렸던 곳으로 고란사, 낙화암 등이 있는 명승지이다. 통일신라시대 이후 산의 이름인 부소산을 따서 부소산성으로 개명되었다. 사자루는 조선시대 세워진 누각으로 맑은 강물을 굽어보는 누각이라는 뜻이다.

1954.11.27. 군 비행장.

논산 연무대 휘호석 제막식, 부여박물관 및 부소산성 시찰을 마치고, 비행장에서 함병선 논산 훈련소장, 김현숙 대령 등의 환송을 받는 이 대통령과 푸랜시스카.

당시의 도로 사정을 감안할 때, 군용 비행기를 이용했기에 가능한 일정이었다. 푸랜시스카는 79세 고령의 이 대통령과 동행하며 도우미이자 경호원으로서의 역할도 수행했다.

(사진: 연세대 이승만연구원)

1954.11.29. 국회의사당.

사사오입(4사5입) 논리에 따른 개헌안 통과 선포에 항의하여 단상에서 사회를 맡았던 최순주(崔淳周, 1902~1956) 민의원 부의장의 웃옷을 부여잡고 있는 이철승(李哲承, 1922~2016) 국회의원. 해방정국에서 보성전문(고려대) 학생이었던 이철승은 전국학생연맹 대표로 신탁통치 반대운동에 앞장섰다.

이 개헌안은 국가 안위에 관한 사항에 대한 국민투표 실시, 국무총리제 폐지, 외자도입을 위한 자유경제체제 강화, 대통령 궐위 시 잔여 임기를 부통령이 승계, 초대 대통령에 한하여 중임제한 철폐 등의 내용을 담고 있었다.

1954년 11월 27일 이 개헌안에 대해 203명의 국회의원들 중 202명이 투표에 참가하여, 가 135, 부 60, 기권 7표가 나왔다. 최순주 국회부의장은 1표 차이로 부결되었다고 선포했다.

그러나 이틀 후인 29일 월요일 자유당은 서울대 수학과 최윤식 교수, 인하공대 이원철 교수 등의 자문을 받았다며 재석 203명의 3분의 2는 135.333… 이지만 자연인은 분리할 수 없으므로 135표를 3분의 2선으로 볼 수 있다고 주장하면서 '헌법개정안 정족수에 관한 건'을 동의안으로 제출했다. 야당이 총퇴장한 가운데 이 안건은 가결되었다. 27일 최순주 의장의 부결 선포를 수정하는 동의안도 가결되었다. 이에 반대하는 야당 세력이 결집했고, 1955년 9월 김영삼 등 자유당 탈당 세력까지 아우르는 민주당이 창당되었다.

(사진: 위키피디아)

IV

제2차 개헌 이후 제3대 대통령 영부인이 될 때까지

1954.11.29~1956.8.15

사사오입 논란을 겪은 제2차 개헌의 핵심 쟁점은 이 대통령 3선의 허용 여부였다. 1956년 제3대 대통령 선거에 이 대통령이 다시 출마할 경우, 당선될 가능성이 컸다. 문제는 고령의 대통령 유고시 권력 승계권을 갖고 있던 부통령을 누가 맡느냐 하는 것이었다. 미국의 러닝 메이트 제도와 달리 한국의 대통령과 부통령은 다른 정당에서 나올 수 있었다.

야당에서는 신익희 대통령 후보, 장면 부통령 후보를 내세웠다. 여당에서는 당시 함태영 부통령이 이 대통령 보다도 나이가 많았기 때문에 새로운 후보가 필요했다. 미국에서 독립운동에 참여한 경력이 있고, 최초의 민간인 국방장관으로서 성공적으로 임무를 수행했으며, 이범석 중심의 족청계가 밀려난 후 자유당의 실력자가 된 이기붕이 여당의 후보가 되었다. 이기붕은 이승만이라는 해가 없이는 빛을 발하기 어려운 달과 같은 존재라고 보는 사람들이 많았고, 신병 치료 차 미국에 다녀와야 할 정도로 건강도 좋지 않았다. 따라서 권력서열 3위의 자리를 놓고 치열한 암투가 벌어지고 있었다.

이기붕의 부인 박 마리아는 미국 유학을 다녀와 이화여대에서 영어를 가르쳤고, 푸랜시스카가 처음 한국에 왔을 때부터 이기붕과 함께 푸랜시스카의 대소사를 챙길 정도로 막역한 사이였다. 자식이 없던 이 대통령과 푸랜시스카는 이기붕과 박 마리아의 자녀 강희(1949년 요절), 강석, 강욱을 귀여워했다. 이 대통령은 할 수 있다면 이씨 왕조의 성을 바꾸고 싶다고도 했던 청년 시절과 달리 말년에 들어 후사에 집착했고, 1957년 3월 26일 생일을 맞이하여 강석의 입양을 공식 발표했다. 강석은 1956년 6월 15일 푸랜시스카의 생일 사진에 이미 등장하고 있다. 이 대통령과 푸랜시스카의 오랜 친구였던 올리버는 이 대통령이 이기붕 일가에 대해서만큼은 공사를 구분하지 못했다고 회고했다. 이 대통령이 1904년 옥중에서 집필하고 1910년 미국에서 출판된 『독립정신』에서 언급할 정도로 존경했던 미국의 조지 워싱턴 대통령처럼 3선에 도전하지 않았다면 푸랜시스카의 생애는 물론 한국 현대사 및 동북아 현대사는 크게 달라졌을 것이다.

1955.1.1. 경무대.

불교계 지도자들과 신년 인사를 나누는 이 대통령과 푸랜시스카. 기독교인이었지만 어린 시절 불교 신자였던 어머니의 영향을 많아 받았던 이 대통령은 불교를 존중했다. 1950년 내무장관으로 임명한 백성욱, 1952년 문교장관에 이어서 1959년 원자력원장으로 임명했던 김법린은 불교 승려 출신이었다. 1954년 이 대통령은 결혼한 승려(대처승)들이 불교계의 종권을 잡고 있는 것을 일제의 잔재라고 보고 결혼하지 않은 비구승들을 중심으로 전통 민족불교를 회복해야 한다고 주장했다.

동산, 청담, 동헌 등 비구승 지도자들이 이 대통령의 불교정화 유시에 적극 호응하여 대처승의 태고종과 맞서는 비구승의 조계종을 중심으로 불교계의 새로운 흐름을 형성했다.

1954년 정화운동이 시작돼 1955년 8월 12~13일 태고사(조계사)에서 열린 전국승려대회를 통해 조계종이 한국 불교의 주류가 되었지만 교리적 논쟁은 계속되고 있다.

(사진: 국정홍보처)

1955.1.24. 경무대.

어린이 국악단원들에게 미국에서 원조한 외투를 선물하는 푸랜시스카.

(사진: 국정홍보처)

1955.2.28. 경무대. 오후 4시 경.

육군 본부 완전 환도를 보고하는 육군 참모총장 정일권 대장을 비롯한 24명의 육군 수뇌부를 맞이하여 다과를 베풀고, 기념촬영을 하는 이 대통령과 푸랜시스카. 이 대통령의 왼편으로 주한 미국 대리대사 스트롬(Carl W. Strom), 최덕신, 이응준, 김일환 등이 서있다. 푸랜시스카의 오른편으로 미 8군 부사령관 페렌보(Claude B. Ferenbaugh, 1899~1975), 정일권 육군 참모총장 등이 서 있다.

(사진: 건국이념보급회)

1955.3.1. 서울운동장.

제36회 3.1절 경축식에 참석한 이 대통령과 푸랜시스카. 미국에서 독립운동을 했던 이기붕 민의원 의장의 독립선언문 낭독에 이어 이 대통령은 기념사에서 "3.1정신을 계승하여 조국통일을 이룩하자"고 역설했다.

왕둥위안(王東原) 주한 중화민국 대사의 축사가 이어졌고, 함태영 부통령이 3.1만세운동 당시 33인 대표들 중 생존자들(이명룡, 이갑성)과 별세한 31인 민족대표 유족들에게 기념품을 증정했다.

이 대통령은 제1차 세계대전 이후 파리평화회의가 열리고 있던 1919년 2월 미국 필라델피아에서 코리아 퍼레이드를 기획하기 시작하여 4월 대한인 총대표회의를 개최했었고, 1919년 3.1운동의 영향으로 상하이 프랑스조계에서 수립된 대한민국임시정부 초대 대통령이 되었다.

(사진: 대한민국 공보처)

1955.3.21. 오후. 경무대.

1955년 4월 임기를 마치는 헐(John E. Hull, 1895~1975, 작은 사진) 미 극동군 사령관 겸 국제연합(UN)군 사령관으로부터 아이젠하워 대통령이 수여하는 금엽자유훈장을 전달 받는 이 대통령.

큰 사진에 보이는 푸랜시스카의 오른쪽으로 브릭스 대사 부부, 콜터 국제연합 한국재건단(UNKRA) 단장, 이 대통령의 왼쪽으로 헐 사령관 부부 등이 서있다. 당시 브릭스 대사와 헐 사령관은 일본 재무장에 반대하는 이 대통령을 설득하는데 어려움을 겪고 있었다. 일본에 대한 이 대통령의 경계심을 완화시키기 위해 미국이 참여하는 한일불가침협정이 추진되기도 했다.

(위 쪽 사진: 위키피디아, 위 오른쪽 사진과 아래 사진: 국정홍보처)

1955.3.25. 경무대.

시각장애인 복지단체인 광명원 대표들에게 구호물자를 전달하는 이 대통령과 푸랜시스카.
전국 곳곳에 광명원이라는 이름을 딴 시각장애인 단체들이 세워졌다.

(사진: 국정홍보처)

1955.3.26. 경무대. 서울운동장

이 대통령의 팔순 생일에 함께 한 푸랜시스카. 이 날 동대문 서울운동장(현재 동대문디자인플라자 부근)에서는 이 대통령의 팔순을 맞아 만수무강을 축원하는 매스게임이 펼쳐졌다. 서울운동장은 조선시대 무과 시험, 무예 연습, 병서 강습 등을 맡아 보던 훈련원(訓鍊院)이 있던 곳이었으나 1907년 일제가 대한제국 군대를 해산하면서 폐지되었다. 이 훈련원 터에 일제는 1925년 히로히토(裕仁, 1901~1989) 동궁의 결혼식을 기념하여 경성운동장을 만들었다. 1884년 갑신정변 때는 원세개의 병영이 있었다. 이런 사연으로 인해 일제시기 경성운동장이 세워졌을 때, 동남모서리(즉 야구장 뒷편)에는 원세개의 상관이었던 오장경을 기리는 오무장공사(吳武壯公祠)라는 사당과 비석이 남아 있었다. 이후 이 사당과 비석은 연세대학교와 담을 공유하고 있는 연희동 화교학교 뒷언덕으로 옮겨졌다.

1955.3.26. 오후. 경무대.

팔순 축하케이크를 자르는 이 대통령과 푸랜시스카, 그리고 이 대통령의 생신을 축하하는 어린이합창단. 이 날 어린이 합창단은 이 대통령의 팔순 생신을 기념하여 "우리 대통령" 이라는 곡을 노래했다 (박목월 작사, 김성태 작곡, 1955). 당시의 시대적 분위기를 담고 있던 가사는 다음과 같았다.

"우리나라 대한나라 독립을 위해/ 여든 평생 한결같이 몸 바쳐 오신/ 고마우신 이 대통령 우리 대통령/ 그 이름 길이길이 빛나오리다.
오늘은 이 대통령 탄생하신 날/ 꽃 피고 새 노래하는 좋은 시절/ 우리들의 이 대통령 만수무강을/ 온 겨레가 다 같이 비옵나이다.
우리들은 이 대통령 뜻을 받들어/ 자유 평화 올 때까지 멸공전선에/ 몸과 마음 바치어 용진할 것을/ 다시 한 번 굳세게 맹세합시다."

(사진들: 국정홍보처)

1955.4.7. 진해. 해군사관학교 9기 졸업 및 임관식 추정.

푸랜시스카의 오른쪽에 미8군 사령관으로 있다가 전역한 후 한미재단 이사장이 되어 방한한 밴 플리트가 앉아 있다. 밴 플리트는 한국군, 특히 육군사관학교 발전에 크게 기여했다.

이 대통령의 왼쪽에 제5대 해군사관학교장 이용운(李龍雲) 준장(교장 임기: 1953.9.16~1955.6.5)이 앉아 있다. 이용운은 평양 출생으로, 1934년 도쿄고등상선학교(東京高等商船學校) 졸업 후, 요코스카 해군포술학교를 수료했다. 1953년 남부지구경비사령관으로 재직 중 37세로 별세한 이용문의 형이다. 이용문은 일본 육사 후배 박정희와 함께 상대적으로 진급 지체를 경험했다. 이러한 배경으로 인해 1952년 미국과 합작한 이승만 억제 계획(에버레디 플랜)에 적극적이었다는 설이 있다.

이용운은 1961년 5.16 군사정변 이후 부정축재 혐의로 구속당했다가 해외로 망명했다. 박정희정부가 1972년 10월 유신을 선포하자 다음 해인 1973년 미국에서 한국민주회복통일촉진국민회의 발기인 중 한 명으로 참여했다.

1955.4.18. 장소 미상.

애국가를 작곡한 안익태 공연에 참석한 이 대통령과 푸랜시스카. 안익태는 대한민국 최초의 문화훈장을 받았다.

안익태의 왼편으로 이기붕 민의원 의장, 변영태 국무총리, 김태선 서울시장, 갈홍기 공보처장 등의 모습도 보인다.

안익태 뒷편에 콜터 운크라 단장, 맨 뒷 줄에 손원일 국방장관, 해군 참모총장 정긍모 중장(추정), 문봉제 국무원 사무국장 등의 모습도 보인다.

(큰 사진: 국정홍보처, 작은 사진: 건국이념보급회)

1955.4.19. 경무대.

이 대통령과 푸랜시스카는 이 날 일반 시민들에게 경무대를 개방했다. 부산 부민동 대통령 관저에서 경무대로 돌아온 후, 푸랜시스카는 경무대를 일반 관람객들에 공개하기로 결심했다.

"집의 소유주인 국민들이 들어와서 구경하는 것이 당연한 일이지.
대통령이 베풀 수 있는 은전일 수 있겠는가.
국민들이 낸 세금으로 운영되고 있는 대통령 관저 아닌가?"

독립운동 시절 미국에서 오랫동안 민주주의를 경험했던 이 대통령과 푸랜시스카의 생각이었다. 개방된 경무대를 방문한 임산부가 경무대 방문 중 아기를 순산하는 경사도 있었다.

(사진들: 국정홍보처)

1955.4.27. 부산항 제1부두.

국제연합 한국재건단(UNKRA)의 지원을 받은 트롤 어선 10척의 인수식이 콜터 운크라 단장, 유완창 부흥장관, 백두진 한미합동경제위원회 한국대표, 우드 한미합동경제위원회 미국 대표 등이 참석한 가운데 거행되었다. 이 배들은 원양어업을 비롯한 한국 어업 발전에 크게 기여했다.

이 대통령은 베이징에서 독립운동을 하다가 영국으로 유학가서 선장이 되었던 전 국방장관 신성모를 해양대학장으로 임명하여 해양 관련 연구와 인력 양성을 뒷받침했다.

(사진: 국정홍보처)

1955.5.12. 창경원.

어머니날 기념식에서 꽃다발을 헌정한 어린이와 함께 기념촬영을 하는 푸랜시스카.

뒷편으로 1954년 4월부터 1956년 6월까지 대한민국 제4대 문교장관을 역임했던 이선근(李瑄根, 1905~1983)의 모습이 보인다.

1955.5.14. 덕수궁.

보건사회부(최재유 장관) 주최 우량아선발대회에서 선발된 최우량 아동들 및 그들의 어머니들에게 상장과 상품을 수여하고 기념촬영하는 푸랜시스카.

김태선 서울시장의 개회사에 이어서 조동수 심사위원장의 심사 결과 발표가 있었다. 최우량아동 상은 한미래, 최인섭, 송춘자, 이상일(푸랜시스카의 오른쪽부터)에게 돌아갔다. 이 날 선발된 우량아는 최우량 아동 포함 총 223명이었다.

이날 행사는 푸랜시스카에게 꽃다발을 증정한 후, 경기여고 및 효제국민학교 학생들의 피리 연주로 성료되었다.

1955.5.20. 화천 지구.

전방지역을 시찰하는 이 대통령과 푸랜시스카. 이 날 오전 10시 30분 경 춘천에서 제2군단 창설 3주년 및 37, 38사단 창설식에 참석하기 한 시간 전 화천지구에서 거행된 시범전투에 참석하기 위해 이동하고 있다. 6.25전쟁이 정전된 지 2년이 채 안된 시기에 헬기를 타고 전방을 시찰하는 것은 위험한 일이었다.

아래 사진에서 미군 헬기에서 내려 장도영 2군단장의 안내를 받는 이 대통령과 푸랜시스카, 그리고 뒷편에 모자를 쓰지 않은 곽영주(1924~1961)가 보인다. 곽영주는 1955년 총경으로 승진했고, 1961년 5.16군사정변 이후 사형에 처해진다.

1955.5.20. 화천 지구.

제2군단 3주년 및 37, 38사단 창설 기념식에 앞서 화천지구 시범전투 행사에 참석한 이 대통령과 푸랜시스카.

위 사진에서 장도영 군단장의 설명을 듣고 있는 이 대통령의 오른쪽으로 미 8군 부사령관 페렌보(Claude B. Ferenbaugh, 1899~1975) 중장으로 추정되는 인물이 보인다. 페렌보는 1951년 7사단의 지휘를 맡아 한반도 6.25 전쟁에 참전했고, 정전협상 대표단의 일원으로도 참여했다. 1953년부터 1954년까지 유럽주둔 미군 참모장을 지낸 페렌보는 1955년부터 전역하던 1958년까지 미8군 부사령관을 지냈다. 페렌보 중장 뒷편으로 넥타이를 맨 곽영주의 모습이 보인다.

1955.5.20. 화천 지구.

제2군단 3주년 및 37, 38사단 창설기념식에 앞서 화천 지구 시범전투 행사에 참석한 이 대통령과 푸랜시스카. 이 대통령은 37, 38 두 예비사단에 사단기를 수여하고 "우리 군대는 하나님이 도와주신다는 확신을 얻었다"고 하면서 어떠한 강적과 싸워도 이길 수 있을 것이라고 감탄했다.

오른쪽 사진에서 이 대통령이 손을 잡고 있는 제2군단장 장도영 중장(임시)은 1주일 후인 5월 27일자로 참모부장으로 있다가 군단장으로 나가는 최덕신을 대신해서 참모부장에 임명된다.

1955.5.20. 오전 10시 30분 이후. 춘천.

제2군단 3주년 및 제37, 38사단 창설 기념식에 참석한 이 대통령과 푸랜시스카. 이 대통령의 오른쪽으로 이기붕 민의원 의장, 손원일 국방장관, 변영태 외무장관 등이 서있다. 푸랜시스카의 왼편 뒤쪽으로 장도영 2군단장이 보인다.

사진 맨 오른쪽의 미국인 장성은 미 8군 부사령관 페렌보(Claude B. Ferenbaugh, 1899~1975) 중장으로 추정된다. 페렌보는 6.25전쟁 중 미군 7사단장으로 있으면서 정전협상 대표단의 일원으로 참여했다. 1953년 유럽 주둔 미군 참모장으로 있다가 1955년 미 8군 부사령관으로 다시 한국에 왔다. 1958년 전역할 때까지 미 8군 부사령관으로 일했다.

아래 사진은 왕온순 고아원장에게 기부금을 전달하는 페렌보 부사령관과 비치(Dwight E. Beach) 참모장의 모습이다.

(아래 사진: 위키피디아)

1955.5.20. 춘천.

제2군단 3주년 및 37, 38사단 창설 기념 사열식에 참석한 이 대통령과 푸랜시스카. 5월 28일에는 사단장이 아직 정해지지 않은 상태에서 창설된 37사단장에 양중호(梁仲鎬) 준장, 38사단장에 김용주(金龍周) 준장이 각각 임명되었다. 1954년 한미상호방위조약 발효와 한미합의의사록에 기초한 10개 사단 증설 계획에 따라 이미 6개 사단이 증설되는 등 대한민국 국군이 빠르게 성장하고 있었다. 이후 한국군은 1993년 임기를 마친 노태우 대통령까지 연속 군인 출신 대통령들을 배출하며 한국 현대사에 큰 영향을 미치게 된다.

1955.5.26. 서울 남산.

남산음악당에서 열린 미국 NBC교향악단 연주회에 참석한 이 대통령과 푸랜시스카.

아래 사진 첫째줄 이 대통령의 오른쪽에 함태영 부통령이 앉아 있고, 푸랜시스카의 왼쪽으로 민의원 의장 이기붕과 그의 부인 박마리아의 모습이 보인다. 이 대통령 뒷편 두번째 줄에 김장흥 내무부 치안국장, 손원일 국방장관. 이기붕 의장 뒷편으로 김태선 서울시장 등이 보인다.

1955.6.15. 진해 별장.

55세 생일을 맞이하여 경무대 대신 진해에서 조촐하게 생일축하모임을 가진 푸랜시스카. 이 대통령과 푸랜시스카는 6월 10일부터 19일까지 진해 별장에 머물렀다.

이 대통령은 진해에서 주일 참사관 유태하의 보고를 받기도 했다. 이 대통령을 면담한 후 유태하 참사관은 기자회견을 통해 한일국교정상화가 늦어지고 있는 책임은 일본에게 있다고 말했다. 특히, 일본이 평양 정권과 체결한 어로협정을 비판하면서 억류 중인 일본인 어부들의 석방문제는 오무라 수용소에 억류 중인 한국인 석방과 연계하여 처리할 것이라는 입장을 밝혔다. 당시 약 104명의 일본인 어부들이 이승만 평화선(Rhee Line)을 침범했다는 이유로 한국에 억류되어 있었다.

아래 사진은 이기붕 민의원 의장 부인 박마리아와 함께 생일케이크를 나누는 푸랜시스카. 이기붕 민의원 의장 가족은 15일 오전 진해에 도착했다.

(사진들: 국정홍보처)

1955.6.15. 진해 별장.

당시 진해에 있던 육군대학 총장 이종찬(李鐘贊, 1916~1983, 위 사진 맨 왼쪽)을 비롯한 관계자들과 생일축하 케이크 앞에서 기념촬영을 하는 이 대통령과 푸랜시스카. 이종찬은 1952년 부산정치파동 당시 작전지휘권이 미군에게 있다는 이유로 휘하 장병을 동원하지 않았던 것으로 유명하다. 당시 그는 부산의 미국 대사관과 소통하고 있었고, E. 알란 라이트너 대리 대사는 미국 국무부에 "한국군 참모총장을 통해 한국인들이 한국문제를 해결하는 것을 심각하게 고려해야만 한다"는 전문을 발송했다. 라이트너는 훗날 이종찬이 먼저 제안했다고 회고했다. 이종찬은 당시 37세로 군사정변에 적극적이었던 이용문 준장과 동갑, 이용문의 부하 박정희 대령보다 한 살 위였다.

이종찬은 대한제국 법부대신으로 을사조약에 서명했던 이하영의 손자로 이용문, 박정희 등과 마찬가지로 일본 육군사관학교를 졸업했다. 미일전쟁 당시에는 일본군 장교로 뉴기니아 등지에서 미군과 싸우기도 했었다.

아래 사진에는 이기붕 민의원 의장 부인 박 마리아(맨 오른쪽)와 바로 옆에 서 있는 김활란 이화여자대학교 총장의 모습이 보인다.

(사진들: 대한민국 국가기록원 나라기록관)

1955.6.15. 진해 별장.

푸랜시스카가 생일 축하꽃을 가슴에 달고 기념촬영을 했다. 이기붕과 박마리아의 아들 이강석이 군복을 입고 있다. 위 사진에서 함께 기념촬영을 한 사람들은 모두 이 대통령의 친척들로 보여진다. 군복을 입은 이강석 왼쪽에 서있는 인물은 이승만의 큰 누이 이태평의 손자 우제하로 추정된다. 1957년 3월 26일 이 대통령의 생일에 이강석의 입양이 공식 발표되면서, 이기붕으로의 권력쏠림 현상이 노골화된다.

(사진들: 대한민국 국가기록원 나라기록관)

1955년 경. 경무대.

하와이에서 방한한 블레스델(Neal S. Blaisdell) 호놀룰루 시장 부부와의 오찬 전후 기념촬영을 하는 이 대통령과 푸랜시스카.

미국 공화당 소속의 블레스델은 1955년부터 1969년까지 호놀룰루 시장으로 일했다. 블레스델은 1965년 7월 이승만이 하와이에서 별세하자 호놀룰루 시장으로서 추도사를 했다.

당시 대한민국과 하와이와의 관계는 각별했다. 1954년 개교한 인하대학교는 인천과 하와이의 머리글자를 따서 지어진 이름으로 호놀룰루 한인기독학원 부지를 매각한 자금이 창학 자금으로 기부되었다.

1955.8.3. 경무대.

미국 4-H 클럽 관계자들을 접견하고 인사를 나누는 푸랜시스카. 아래 사진에서 이 대통령과 악수하고 있는 인물은 한국에 4-H를 도입한 앤더슨(Charles A. Anderson)으로 추정된다. 함태영 부통령도 함께 서있다.

4-H클럽은 20세기 초 미국에서 "실행으로 배운다(learning by doing)"는 목표를 내걸고 크게 번창한 사회단체다. 4-H는 Head, Heart, Hands, Health를 의미한다. 미군정 시기 경기도 군정관이었던 앤더슨 중령이 구자옥 경기도지사, 이진묵 경기도 문정관 등과 함께 도입했으나 6.25전쟁으로 중단된 바 있었다. 1952년 12월 이승만 정부가 4-H운동을 국가시책사업으로 채택했다. 1953년 발족한 한미재단에 앤더슨 예비역 대령이 고문으로 부임한 1954년 한국4H구락부 중앙위원회가 조직되었다. 1950년대 4-H운동은 전후 복구와 농촌재건에 크게 기여했고, 4-H운동을 통한 농촌지도자 양성은 1960년대 농촌 새마을운동 지도자 양성으로 이어졌다.

(위 사진: 대한민국 국가기록원 나라기록관, 아래 사진: 국정홍보처)

1955.8.15. 오후. 경무대.

해방 10주년을 맞이해서 10살이 된 해방둥이(1945년생) 어린이들이 전국 11개도에서 2명씩 선발되어 경무대 초청을 받았다. 22명의 해방둥이들은 이 대통령과 악수를 나누고, 푸랜시스카로부터 선물을 받았다.

이들 해방둥이들은 이 날 오전 서울운동장에서 열린 8.15 10주년 기념식에 참석했었다. 이 대통령은 8.15기념사에서 "해방 10주년을 경축함과 아울러 끝까지 싸워서 자유를 쟁취하자"고 역설했다. 이기붕 민의원 의장, 김병로 대법원장, 그리고 주한외교사절단 단장인 왕둥위안(王東原) 중화민국 대사의 경축사가 이어진 후, "8.15의 감격으로 조국통일 이룩하자"는 표어를 내건 시가행진이 이어졌다.

(사진들: 국정홍보처)

1955.9.2. 오전. 경무대.

마닐라(필리핀)팀과 홍콩에서 원정경기를 펼치고 돌아온 경기여고 농구부 및 관계자들과 기념촬영을 하는 이 대통령과 푸랜시스카.

맨 뒷 줄에 국방장관 퇴임 후 해사위원회 위원장을 맡아 해양경찰대 창설, 해무청 설치, 해양대학 학장으로 헌신했던 신성모, 이기붕 민의원 의장 겸 대한체육회 회장, 그리고 박은혜 경기여고 교장의 모습이 보인다.

박은혜(朴恩惠, 1904~1963)는 1904년 평안남도 평원군에서 목사 박예헌의 딸로 태어났다. 정신여고, 후쿠오카여학교를 마치고 미국 컬럼비아대학교에서 박사과정을 밟던 중 같은 학교에 유학 중이던 장덕수를 만나 결혼했다.

해방직후부터 15년간 경기여고를 이끌면서 명문여고로 키웠다. 남편 장덕수가 1947년 제기동 자택에서 그녀가 보는 앞에서 암살당한 이후 교육에 더욱 헌신했다. 그녀가 세운 은석국민학교도 명문 초등학교로 성장했다.

그녀는 암살당한 남편 설산 장덕수를 사모하는 다음과 같은 시를 남겼다.

"송림에 눈이 오니 가지마다 꽃이로다.
한 가지 꺾어 내어 임 계신데 보내고저.
임께서 보신 후에야 녹아진들 어떠리"

1955.9.24. 여의도공항.

진해로 떠나는 이 대통령과 푸랜시스카를 배웅하는 이기붕 민의원 의장. 뒷편으로 갈홍기 공보처장의 모습도 보인다. 진해에서 이 대통령은 급거 귀국한 김용식 주일공사로부터 한일관계에 관한 보고를 받는다.

(사진: 대한민국 국가기록원 나라기록관)

1955.10.7. 경무대.

후버 주니어(Herbert Charles Hoover, Jr., 1903~1969, 아래 왼쪽 작은 사진) 미국 국무차관 부인 일행을 접견하는 푸랜시스카. 후버 주니어는 칼텍 교수 출신으로 독자적인 석유 탐사 기술을 개발하여 산유국들과의 관계를 선도했고, 1954년부터 1957년까지 국무차관으로 일했다. 제31대 미국 대통령 후버(Herbert Hoover, 1874~1964, 아래 오른쪽 작은 사진)의 아들이다. 현재 미국 스탠포드대학교에 있는 후버연구소(The Hoover Institution)는 제1차 세계대전 이후 파리평화회의에 참석했던 아버지 후버의 노력으로 1919년에 창설되어 공산권 연구를 비롯한 미국 내 유명 씽크 탱크로 성장했다. 한국을 방문하고 돌아간 후버 차관은 한국 경제의 장기발전계획 수립을 모색하게 된다.

(큰 사진: 대한민국 국가기록원 나라기록관, 작은 사진들: 위키피디아)

1955.11.6. 창덕궁.

해방 10주년 기념 산업박람회에서 대한조선공사가 출품한 거북선 모형을 관람하는 이 대통령과 푸랜시스카. 거북선 모형에 "손을 대지 마세요"라는 경고문이 붙어 있다.

10월 1일 개막하여 두 달 동안 계속된 해방 10주년 기념 산업박람회는 대한민국 독립 이후 개최된 가장 큰 박람회로서 산업발전을 위한 아이디어의 확산을 촉진시켰다.

각 도별로 만들어진 전시관과 원자관, 농기구관, 광업관 등을 통해 한국 산업계의 발전상을 한 눈에 볼 수 있었다.

농촌인구가 많던 시절 농기구관의 양수기, 탈곡기 등 농기계들이 주목을 받았다. 박람회장의 삼천리호라는 이름의 꼬마 기차는 어린이들을 동반한 가족 관람객들에게 인기가 있었다.

불과 며칠 전인 11월 1일에는 육군본부 중앙고등군법회의에서 이승만 대통령 암살모의 사건 판결이 있었다. 유죄판결을 받은 사람들은 10월 3일 개천절 기념식 또는 10월 4일 육군사관학교 졸업식장에서 이 대통령에게 수류탄을 투척할 음모를 꾸몄다. 1952년 부산 6.25기념식장에서도 이 대통령을 향한 암살미수사건이 있었다.

(사진: 국정홍보처)

1955.11.16. 오전 10시경. 경무대.

캐롤(George M. Carroll, 안성[安城], 1906~1981, 작은 사진) 몬시뇰과 함께 서울 대표로 선발된 15명의 빈곤아동들에게 고무신을 전달하는 푸랜시스카. 이 날 전달된 4천 컬레의 고무신은 CRS(Catholic Relief Services) 한국 대표로 활동하던 캐롤 몬시뇰이 과거 3년 6개월 동안 각종 구호품들을 한국에 기증했던 미국 천주교부녀회가 보내온 3천 달러를 1백 5십만환의 한화로 바꾸어 구입한 약 9천 컬레의 고무신들 중 서울에 배당된 것들이다.

캐롤 몬시뇰은 미국 뉴욕 출신으로 1931년 메리놀회 선교사로서 일제 하 조선에 파견되어 헌신했다. 일본의 하와이 공습 직후 미국으로 추방되었다가 1946년 귀환했다. 1950년 6.25전쟁이 발발하자 국제연합(UN)군 종군신부가 되었고, 평양에 북진했을 때 평양주교 서리로서 몬시뇰(Monsignor)이 되었다. 구제활동의 공로로 1954년 1월 보건사회장관 표창을 받기도 했다. 그는 한국 주교단과 함께 중남미를 여행하면서 한국 빈민들의 중남미 이민프로젝트를 구상하기도 했던 것으로 전해진다. 그의 한국에서의 구제활동은 1975년 병환으로 미국으로 돌아갈 때까지 지속되었다.

이 대통령과 푸랜시스카는 하루 전인 15일 오전 재미독립운동가 이중혁(李重爀) 지사의 창신동 빈소를 방문, 조의를 표했다. 귀국 도중 태평양 해상에서 별세한 이중혁은 청년 이승만이 한성감옥서에 수감되어 있을 때, 그의 뜻에 공감했던 간수장 이중진의 동생이다. 청년 이승만이 러일전쟁 중이던 1904년 감옥에서 풀려나 대한제국의 독립을 T. 루즈벨트 대통령에게 청원하기 위해 미국에 파견되었을 때 동행했었다. 간수장 이중진은 이승만의 옥중 독서 및 저술활동에 도움을 주었고, 이승만에게 동생을 맡겼다.

(사진: 국정홍보처, 작은 사진: 공공사진)

1955.11.16. 경무대.

자유당 중앙정치훈련원 제5기 여자 훈련생들과 기념촬영하는 이 대통령과 푸랜시스카. 이 날은 푸랜시스카가 참석한 빈곤아동들에게 고무신을 전달하는 행사가 있던 날이었다. 여성 정치 지망생들에게 이 대통령은 "정당을 운영하는 데는 자기의 의사대로 자기본위로 해서는 아니되며 나라일을 올바로 잡아 나갈 각오를 가져야 한다"고 훈시했다.

1955년 9월 민주당 창당으로 점차 양당체제가 확립되어 가고 있었다. 1955년 창당된 민주당은 민주국민당, 1954년 자유당 내 개헌반대파, 그리고 흥사단 계열 등의 서북파를 아우르며 반공-반독재와 자유, 민주, 진보를 표방했다. 민주당 내에서는 신익희, 조병옥, 윤보선 등이 구파를 형성했고, 장면, 박순천 등이 신파를 이끌었다. 나중에 대한민국 14대 대통령이 되는 김영삼은 구파와 가까웠고, 15대 대통령이 되는 김대중은 가톨릭 영세를 받을 때 장면이 대부가 될 정도로 신파와 가까웠다.

(사진: 국정홍보처)

1955.11.18(추정). 강원도 제260 공군기지 헬기장.

강원도 화천에서 개최되는 파로호(破虜湖) 기념비 제막식에 참석하러 가기 위해 헬기에서 내린 직후의 사진으로 추정된다. 이 대통령 옆의 인물은 함병선 2군단장(작은 사진), 푸랜시스카의 왼쪽 아동 건너 정일권 육군참모총장, 최헌길 강원도 지사 등으로 추정된다.

최헌길은 해방 이전 주문진 청년회장, 농촌진흥회장 등을 역임했고, 1945년 한반도 해방 이후 전국민족대표자대회 대의원을 지냈다. 1948년 5.10총선에서 국회의원이 되어 제헌국회에 입성했다. 1950년 5.30총선에서 재선에 성공했고, 강원도 지사(재임: 1954.7.16~1956.5.25) 를 지낸 직후 1959년 4월까지 경기도지사를 지냈다.

파로호 제막식을 주최한 함병선 2군단장은 1938년 평양고보 중퇴 후 지원병으로 입대했다가 일본군 준위로 1945년 해방을 맞이했다. 제주 4.3사건, 국군 제14연대 반란사건 진압 등에서 공을 세운 그는 육군 제2훈련소장을 거쳐 1955년 중장으로 진급하여 5월부터 2군단장에 보임되었다.

1955.11.18. 강원도 화천.

파로호 기념비 제막식에 참석한 푸랜시스카. 화천댐 건설로 형성된 인공호수를 일본이 대붕호라고 명명했으나 해방 이후 화천저수지 등으로 불리다가 6.25전쟁 시기 중국공산당 군대에 맞서 화천을 방어한 기념으로 이 대통령이 "파로호"라고 명명했다.

1955.11.18. 강원도 화천.

제2군단 주최 파로호 기념비 제막식에 참석한 이 대통령과 푸랜시스카. 푸랜시스카 바로 뒤 더블버튼 코트를 입은 초대 합동참모총장 이형근 대장이 보인다. 이 대통령 뒤로 이기붕 민의원 의장, 정일권 육군참모총장 등의 모습이 보인다. 이 대통령은 정일권, 이형근, 백선엽을 "내 세 개의 어금니(molar)"라고 부를 정도로 총애했다. 한국군 형성과정을 지켜보았던 하우스만(James Harry Hausman, 1918~1996)은 당시 한국군에 합참의장직이 만들어진 것은 이형근을 위한 이승만 대통령의 위인설관이었다고 회고했다.

이 대통령은 이 날 "우리를 바다로 몰아넣으려고 하였으나 도리어 중공군이 저수지에 약 2만 1천명 이상 들어가게 된 것"이라고 연설했다. 이 대통령 휘호가 새겨진 파로호 기념비가 있던 자리에는 관광전망대가 세워져 있고, 파로호 기념비는 건립 당시와는 달리 숲 속 외진 곳으로 옮겨졌다

(작은 사진: 저자 촬영. 2015.10.17)

1955년 말 1956년 초. 장소 미상.

지방 시찰 중 탑승한 미군 군용기 승무원들과 함께 기념촬영하는 이 대통령과 푸랜시스카. 고속도로나 고속열차가 없던 시절에 이 대통령과 푸랜시스카의 활발한 지방 시찰은 주로 미군 비행기나 헬기를 통해 이루어졌다.

이 대통령과 푸랜시스카는 자신들을 태워준 미군 조종사들에게 약간의 사례비를 주곤 했다.

1955.12.7. 경무대.

이 대통령이 브루커(Wilber Marion Brucker, 1894~1968) 미국 육군 장관과 밀턴(Hugh M. Milton) 육군 차관을 접견하는 동안 그들 부인 일행 및 주한 미군 장성 부인들을 접견하는 푸랜시스카. 1931년부터 1933년까지 미시간 주지사를 지낸 브루커는 1955년 7월부터 1961년 1월까지 육군 장관을 지내면서 미 육군의 발전, 특히 미사일 분야 발전에 크게 기여했다.

(사진: 대한민국 국가기록원 나라기록관)

1955.12.8. 경무대.

전날 서울에 도착한 미 육군장관 브루커 (Wilber M. Brucker, 왼쪽 작은 사진) 부부를 만찬에 초대한 이 대통령과 푸랜시스카.

푸랜시스카의 왼쪽으로 브루커 장관, 이 대통령의 오른쪽으로 부르커 장관 부인으로 추정되는 서양여성이 앉아 있다.

사진 왼쪽 맨 앞 자리에 렘니쩌 미 극동군 사령관 겸 국제연합(UN)군 사령관, 같은 줄 맨 뒤쪽 자리에 1955년 7월부터 57년 7월까지 미8군 사령관으로 재임했던 화이트(Isaac D. White, 1901~1990, 오른쪽 작은 사진) 대장 등이 앉아 있다. 오른쪽 앞 쪽 한복을 입은 여성 옆에 손원일 국방장관의 모습도 보인다.

이 날 브루커 장관은 미군 군사고문단 본부에서 열린 참모회의에 참석한 후, 미군 24사단, 1사단, 그리고 7사단을 각각 방문했다.

1955.12.16. 경무대 추정.

크리스마스와 연말을 맞이하여 어린이들에게 구호금을 나누어 주고 기념촬영하는 푸랜시스카.

(사진: 대한민국 국가기록원 나라기록관)

일자 미상. 장소 미상.

한국군 군목으로 활동했던 대표적 목사들(왼쪽부터 나사행, 박치순, 김형도, 이봉성으로 추정)과 함께 기념촬영하는 이 대통령과 푸랜시스카. 기독교, 특히 개신교는 이승만정부 시기에 종교적 자유를 보장받았고, 많은 지원도 받았다.

6.25전쟁 중, 그리고 정전 이후 군종제도는 한국군의 정신전력 증대에 크게 기여했고, 종교 전파에 큰 영향을 미쳤다.

1950년 6.25전쟁이 발발하자 캐롤(George Carrol) 신부와 윌리엄 쇼우(W. E. Shaw, 아들 쇼가 서울에서 전사) 목사는 맥아더 사령부 군종과장 이반 베넷(Ivan L. Bennet) 군목과 죤 단(John Dahn) 군종신부를 만나 군대 내에서의 종교 활동에 관해 논의했다. 같은 해 9.15인천상륙작전 성공 직후인 9월 18일 장로교, 감리교, 천주교, 구세군, 성결교 등에서 3인으로 구성된 군목제도 창설을 위한 위원회가 조직되었다(장로교 한경직 목사, 감리교 유형기 목사, 천주교 정로사 신부). 1951년부터 1954년까지 무보수 촉탁을 거쳐 문관으로 있던 군목들은 1954년부터 장교 신분을 갖게 되었다.

한국군목회 제1대 이사장 김형도 목사(기독교장로회)는 1951년 2월 28일 임관하여 1956년 8월 20일 전역했다. 육군 군목으로 있는 동안 김형도 목사는 공군 군목제도의 창설에도 기여했다. 제2대 이사장 나사행 목사(감리교)는 1951년 5월 1일 임관하여 1961년 7월 30일 전역했다. 제3대 이사장 박치순 목사(장로교 통합)는 1951년 2월 28일 임관하여 1957년 4월 5일 전역했다. 제4대 이사장 이봉성 목사(기독교 성결교)는 1953년 4월 8일 임관하여 1962년 1월 7일 전역했다.

일자, 장소 미상.

위쪽 사진에서 푸랜시스카의 오른편에 푸랜시스카와 뜻이 잘 맞았던 콜터 운크라 단장의 모습이 보인다.

1956.1.1. 오전 9시 경 경무대.

국무위원 및 정부 요인들과의 신년하례.

이 사진은 당시 정치엘리트들의 교체 양상을 보여준다. 국무총리를 폐지한 헌법개정에 따라 1955년 기획처는 부흥부, 공보처는 대통령 공보실, 외자구매처는 부흥부 외자청으로 직제가 변경되었다. 국무원 사무국이 신설되어 총무처와 고시위원회의 기능을 흡수했다. 푸랜시스카의 왼쪽으로 함태영 부통령, 함 부통령 뒷편으로 김일환 상공(金一煥, 1914~2001, 9대 상공장관 재임 1955.9.16~1958.8.27, 이후 내무, 교통), 백두진 전 국무총리(1953.4.24~1954.6.17), 세 사람 건너 이응준 체신, 푸랜시스카와 이 대통령 사이 뒷편으로 이선근 문교, 이 대통령 뒷편으로 경무대 비서 출신 임흥순 국회의원(민의원)이 보인다.

이 대통령의 오른쪽으로 한 사람 건너 김형근 내무, 두 사람 건너 홍진기 해무청장, 최재유 보건사회, 그 뒤의 문봉제 초대 국무원 사무국장(재임: 1955.2~1957.6), 한 사람 건너 손원일 국방, 두 사람 건너 이순용 초대 외자청장(추정, 재임: 1955.2.17~1956.1.4., 후임 최인규), 갈홍기 공보실장(1955년 2월부터 공보처장에서 대통령 공보실장으로 변경) 등이 보인다.

(사진: 연세대 이승만연구원)

1956.1.1. 오전 9시 15분 경. 경무대.

각군 사령관 급 이상 한국군 고위장성들과의 신년하례. 푸랜시스카의 왼쪽으로 정일권, 김정렬(공군), 유재흥, 김석범(해병대) 등이 보인다. 사진 왼쪽부터 정긍모, 이형근, 백선엽, 원용덕이 보인다. 원용덕은 세브란스의전을 나온 군의관 출신이었는데, 1953년 6월 18일 헌병사령관으로서 이 대통령의 송환불원포로, 이른바 반공포로 석방 명령을 책임지고 수행했다.

소수의 광복군 출신을 제외한 당시의 한국군 수뇌부는 일본군과 만주군에서 군사기술을 익혔고, 주한미군과의 협력과 미국 군사 유학을 통해 미군의 군사기술도 받아들여 제1공화국 시기 한국군의 토대를 닦았다.

(사진: 연세대 이승만연구원)

1956.1.1. 오전 9시 40분 경. 경무대.

오전 9시 25분경부터 국회의장단 및 국회 요인들을 접견한 후 대법관들 및 각급 법원장과 검찰청장, 대검찰청 검사 등을 접견한 이 대통령과 푸랜시스카. 이 대통령의 오른쪽으로 김병로 대법원장(한복입은 인물)이 서있다.

(사진: 연세대 이승만연구원)

1956.1.1. 오전 11시경. 경무대.

주한외교사절, 국제연합 한국재건단(UNKRA) 및 국제연합(UN)군 장성들과의 신년하례에 참석한 이 대통령과 푸랜시스카. 사진 오른쪽 끝에 보이는 조정환 외무장관 서리가 안내를 맡았다.

조정환(1892~1967)은 1956년 12월 31일 외무장관이 되어 1959년 12월 21일까지 재임했다. 그는 전라도 여수에서 출생하여 세브란스의전을 다니다 중퇴하고 미국으로 건너가 켄터키대학교에서 역사학 학사 학위를 취득하고, 1922년 미시간대학교에서 외교학 석사학위를 받았다. 1925년 이화여전 교수로서 비타협적 자유주의 지식인들과 함께 조선사정조사연구회를 결성했다. 1949년 제2대 외무차관을 시작으로 이 대통령을 도와 제1공화국 시기 대한민국 외교에 많은 족적을 남겼다.

(사진: 연세대 이승만연구원)

1956.1.1(추정). 경무대.

자유당 주요 인사들과의 신년하례 모습으로 추정된다. 이 대통령의 오른쪽 세번째에 몇 달 후 별세한 최순주(1902~1956.6) 전 민의원 부의장의 얼굴이 보인다.

사진 오른쪽에서 세번째 다부진 체구의 장경근(張暻根, 1911~1978)은 자유당 내 이론가이자 강경파의 대표로 알려졌다. 평북 용천에서 태어나 휘문고보, 교토 제3고에서 공부했고, 도쿄제국대학 법학부 법률과 재학 중 일본고등문관시험에 합격해 주목을 받았다. 1949년 4월부터 1950년 3월까지 내무차관으로 있는 동안 수하 경찰들이 반민특위 특경대원들을 무장해제시킨 후 연행한 6.6사건이 일어났다. 보도연맹 부총재를 역임했고, 6.25전쟁 초기인 1950년 5월부터 1951년 6월까지 국방차관을 지냈다(작은 사진 맨 왼쪽).

장경근은 일본법에 능통했던 전문가로서 1953년 한일회담 대표단의 일원이 되었고, 1953년 6월 16일 임시수도 부산에서 창립된 대한국제법학회 부회장에 선출되어 1960년까지 홍진기와 함께 부회장으로 있었다(초대 회장은 유진오). 1954년에는 한국기원 초대 이사장에 추대되었다. 같은 해 치러진 제3대 국회의원 선거에서 자유당 후보로 경기도 부천군에서 당선되었다. 1957년 2월부터 같은 해 9월까지 내무장관을 지냈고, 1958년 제4대 국회의원 선거에서 자유당 후보로 같은 선거구에서 당선되었다. 1960년 이 대통령이 하야하자 의원직을 사퇴했고, 5.16군사정변 이후 부정선거 책임자로 지목되어 구속되었다. 재판 계류 중 입원해 있던 병원을 탈출해 일본으로 밀항하여 미국, 브라질 등지에서 거주하다 1977년 귀국, 이듬해 별세했다.

1956.1.1. 경무대.

신년하례에 참석한 이 대통령 친척들과 푸랜시스카.

왼쪽 검은색 옷 입은 소녀 다음의 조끼양복을 입은 사람이 이승만의 큰 누이 이태평의 손자 우제하로 추정된다. 경무대 비서를 지낸 우제하는 1960년 이 대통령 하야 이후 푸랜시스카가 이 대통령과 외부인의 만남을 차단했다는 회고담을 남겼다. 경무대 비서였던 박용만의 회고록과 더불어 우제하의 회고담은 이승만 옹호파의 푸랜시스카 비판론을 확산시켰다.

이승만의 비서였던 박용만은 『경무대 비화』에서 푸랜시스카의 외모에 대해 "광대뼈가 툭 튀어나왔었고, 눈은 깊숙히 파여 들어가서 도무지 볼 품이 없었다"고 평했다.

푸랜시스카가 이 대통령의 건강 보호, 친지들의 청탁방지 등을 위해 면담 일정에 개입했던 것은 사실이지만 이 대통령 말년의 정치적 과오들을 푸랜시스카에게 전가하는 것은 남성중심적이고, 자민족중심적인 측면이 있다.

1956.1.6. 경무대.

서울대학교 부속 국민학교 어린이합창단의 신년 예방을 받고 기뻐하는 이 대통령과 푸랜시스카.

(사진: 연세대 이승만연구원)

1956. 일자미상. 경무대.

외국 여성 인사들을 접견하는 푸랜시스카. 옆에 이기붕의 아내 박마리아도 보인다. 이화여대에서 영어를 가르쳤던 박마리아는 푸랜시스카가 외국 인사들을 영접하는 모임에 자주 동참했다. 박마리아의 유품은 강원도 고성군 거진읍 화진포에 남아 있는 이기붕별장에서 볼 수 있다.

(사진: 연세대 이승만연구원)

1956.1.10. 경무대.

다음 날인 1월 11일 대한석탄공사에서 표창장을 받을 예정인 모범광원들과 함께 기념촬영하는 이 대통령과 푸랜시스카. 화순, 장성, 도계, 영월, 은성 탄광의 모범광원들이 표창을 받았다. 1월 11일은 육군파견단이 석탄증산을 위해 헌신한 지 1주년이 되는 날이기도 했다.

1953년 11월 1일 발족된 대한석탄공사는 상공부 산하 기구로서 당시 연료 공급의 주축이었다. 초대 총재는 허정, 1956년 당시 5대 총재는 임송본이었다. 모범광원의 뒷편으로 김일환 상공장관과 임송본 석탄공사 총재의 모습이 보인다.

김일환(金一煥, 1914~2001)은 강원도 철원에서 태어나 1933년 만주 하얼빈상업학교를 졸업하고, 1936년 봉천군관학교에 입학, 1937년 제5기로 졸업했다. 이후 만주 육군 경리학교(經理學校)와 만주국 군관학교를 졸업하고, 만주국 육군의 경리장교로 임관했다.

6.25전쟁 중 육군 소장으로 진급했고, 1951년 6월부터 1953년 11월까지 장경근의 후임으로 국방차관을 맡았다. 동생이 6.25전쟁 중 전사하여 솔선수범의 지도자로 평가받기도 했다. 1954년 육군 중장 진급과 함께 이 대통령의 방미 일정을 수행했고, 대한석탄공사 군파견단장을 역임했다. 1955년 육군 중장으로 전역한 후, 1955년 9월부터 1958년 8월까지 강성태의 후임으로 상공장관을 맡았다.

임송본(林松本, 1905~1983)은 평양 출생으로 일본 마쓰야마(松山)고등학교, 규슈제국대학(九州帝國大學) 법문학부를 졸업한 후, 조선식산은행에서 근무했다. 1949년 한국은행 이사, 1950년부터 1954년까지 한국은행 수석부총재, 한국식산은행장, 고등고시위원, 조일대표부 경제고문, 한일회담 대표단의 일원으로 활동했다. 1955년 대한석탄공사 총재, 1957년부터 1961년까지 시드니총영사를 지냈다.

(사진: 국정홍보처)

1956.1.17. 경북 영주 부석사.

푸랜시스카의 좌우로 미8군 사령관 화이트(Isaac D. White) 대장 부부와 마커스 W. 슈바커 문정관, 타일러 우드(C. Tyler Wood) 국제연합(UN) 경제조정관, 이 대통령 우측으로 부석사 김 주지, 세 사람 건너 미 군사고문단 단장 프리체(Carl F. Fritzsche) 소장 부부, 아랫줄 왼쪽부터 국제연합 한국재건단(UNKRA) 콜터 단장, 주한 미국 대리대사 스트롬(Carl W. Strom) 공사, 제1군 사령관 백선엽 대장, 육군 참모총장 정일권 대장이 서있다.

우드 경제조정관은 1953년 12월 14일 미국 상호안보처(Mutual Security Agency) 차장으로서 한국의 백두진 국무총리와 「경제재건 및 재정안정계획에 관한 합동경제위원회 협약」 일명 「백·우드 협약」을 체결한 바 있다.

1955년 헐 국제연합(UN)군 사령관은 우드 경제조정관에게 한국경제 장기계획이 필요하다는 의견을 전달했고, 우드는 한국경제 장기발전계획을 세우기 시작했다. 정전체제가 안정화됨에 따라 전시 경제체제에서 보다 안정적인 경제발전체제, 구호 의존 단계에서 독자적 발전단계로의 전환이 모색되고 있었던 것이다.

스트롬 공사는 1955년 10월 레이시(William S. B. Lacy, 1910~1978) 대사가 아이젠하워행정부와 이 대통령 간의 긴장관계로 인해 전격 사임한 후 1956년 5월 다울링(Walter C. Dowling, 1905~1977) 대사가 부임할 때까지 대리대사를 맡았다.

1956.1.17. 영주 부석사

무량수전의 내부와 독특한 처마 구조를 관람하는 이 대통령과 푸랜시스카. 푸랜시스카 옆에 서 있는 마커스 W. 슈바커 문정관은 1945년 해군 대위로서 일본군과 싸워 한반도를 해방시키는데 기여했고, 이후 대사관 문정관으로서 한미 문화 교류에 이바지했다. 1958년 이임할 때, 서울대학교에서 명예문학박사 학위를 받는다. 한국 지인들이 많았던 그는 1971년 해인사 등을 방문하기 위해 다시 한국을 찾을 때까지도 미혼이었다.

1956.1.17. 영주 부석사.

3층 석탑 앞에서 기념촬영하고 있는 이 대통령과 푸랜시스카. 아래 왼쪽 사진에서 3층 석탑 앞에서 프리체(Carl F. Fritzsche) 군사고문단 단장 부인, 화이트(Isaac D. White) 대장 부인, 스트롬(Carl W. Strom) 대사 대리 부인 등과 함께 있는 푸랜시스카. 그리고 아래 오른쪽 사진에서 부석사 대웅전 오른쪽 언덕에서 대화를 나누는 푸랜시스카와 화이트 대장 부부가 보인다.

한미관계는 미일전쟁 시기와 6.25전쟁 시기에 피로써 맺어진 동맹관계였지만, 당시 여러 면에서 마찰을 빚고 있었다. 정전협정이 보장하고 있는 중립국감독위원회(Neutral Nations Supervisory Commission) 활동과 관련하여 한국인들은 체코슬로바키아와 폴란드가 간첩활동을 하고 있다고 주장하며 미국 대사관과 주한 미군을 상대로 시위를 벌였다(냉전이 끝난 후 공개된 문서에서 이들의 간첩활동은 사실로 드러났다). 주한미군은 암시장을 단속하는 과정에서 일부 한국인들과 충돌했다. 미국 사업가들은 그들이 한국인들에 비해 불공정 과세를 당하고 있다고 불평했다. 각별했던 한미동맹에도 불구하고, 한미관계는 갈등의 연속이었다.

(사진들: 연세대 이승만연구원)

1956.1.17. 영주 부석사.

주한 미8군 사령관 화이트 대장 부부와 부석사 안양문(安養門)의 오래된 기둥을 관람하고 있는 이 대통령과 푸랜시스카. 아래 사진은 1957년 촬영된 것으로 알려지기도 했다. 푸랜시스카와 이 대통령이 안양문 기둥의 둘레를 재며 다정하게 손을 잡고 있다. 이 대통령이 1956년 3선 출마를 하지 않고, 푸랜시스카와 행복한 노후를 보냈다면 이 부부의 운명은 물론 한국현대사는 크게 달라졌을 것이다.

1956.1.17. 영주 부석사.

안양문 계단을 내려오는 푸랜시스카. 이 대통령은 이 날 부석사라는 휘호를 남겼는데, 귀경 후 다시 써서 보냈다. 첫번째 서체가 오른쪽으로 기울었다는 이유였다. 부석사에서는 이 휘호로 편액을 만들어 원래 안양문 편액이 있던 자리에 걸었고, 안양문 편액은 아래로 옮겨 달았다. 이 대통령이 쓴 부(浮)자 옆에 붙은 삼수변이 목탁을 두드리며 예불하는 불교 승려의 모습을 연상시킨다.

(작은 사진: 저자 촬영. 2019.12.17)

1956.1.22. 경무대.

6.25전쟁 당시 폭격에 대비한 위장그물망이 남아 있는 경무대의 설경. 경무대 건물은 김영삼정부 때인 1993년 10월 "역사 바로 세우기" 명목으로 철거되었다. 일제 총독이 세우고, 거주했던 건물이라는 이유였다. 철거되면서 나온 건축자재들은 지하공간 매축과 능선을 복원하는데 사용되었다.

아래 사진은 현재 개방된 청와대의 경무대 옛터 전경이다. 낮은 주목 옆으로 보이는 뿔 모양의 뾰죽한 돌이 과거 경무대 현관의 지붕석이라고 표시되어 있지만 확실하지 않다.

(위 사진: 국정홍보처, 아래 사진: 경무대 옛터, 저자 촬영. 2023.4.21)

1956.1.22. 창경원.

망중한의 시간에 함께 설경을 감상하고 있는 이 대통령과 푸랜시스카.

1956.1.22. 서울 한강.

전국체육대회 동계 빙상대회를 참관하고, 중학부 스피드 스케이팅 5천 미터 경기 수상자들과 함께 기념촬영하는 이 대통령과 푸랜시스카. 경동중학교가 우승했다. 푸랜시스카의 고향 오스트리아는 빙상 경기 애호국이기도 했다. 왼쪽 사진의 푸랜시스카 뒤로 손원일 국방장관, 이기붕 민의원 의장, 곽영주 총경이 보인다. 작은 사진의 뒷 편 멀리 제1한강교도 보인다.

(사진들: 국정홍보처)

1956.1.22. 한강.

전국체육대회 동계 빙상대회에 출전한 중앙대학교와 육군의 스피드 스케이팅 선수들과 함께 기념촬영하는 이 대통령과 푸랜시스카(위 사진). 중앙대학교가 우승했다. 전국체육대회 동계 빙상대회 참관 중 아이스하키 클럽을 잡아 보는 이 대통령과 함께 서 있는 푸랜시스카(아래 사진).

이 사진들의 평화로운 분위기와 달리 약 1주일 후인 1월 30일 오전 7시 30분경 이 대통령이 총애하던 김창룡 육군 특무대장이 용산구 원효로 자택 근처에서 피살당하는 사건이 발생했다. 사건의 배후에는 당시 한국군 내의 암투가 있었다. 김창룡(金昌龍, 1916~1956)은 함경도 영흥에서 출생하여 일본군에 복무했고, 1947년 육사 3기생으로 1949년 방첩대장이 되어 반공투쟁에 앞장섰다.

1956.2.20. 오전. 경무대.

국제연합한국통일부흥위원회(UNCURK) 부에노(Maximino S. Bueno, 작은 사진에서 신태영 한국 국방장관으로부터 선물을 받고 있는 인물) 필리핀 대표의 부인을 접견하는 푸랜시스카.

(오른쪽 사진: 대한민국 국가기록원 나라기록관)

1956.3.17. 오후 4시 경 경무대.

아시아 순방 중 이 날 서울에 도착한 덜레스(John Foster Dulles) 미국 국무장관 일행을 이 대통령이 접견하는 동안 덜레스 부인과 미국 여성 인사들을 접견하는 푸랜시스카.

이 날 한국 정부는 외교, 정치, 경제 3항목에 걸쳐 한국 측의 입장을 덜레스 장관에 전달했다. 덜레스 장관은 1950년 8월 8일 가조인되고, 10월 1일 체결된 한미상호방위조약에 서명을 남긴 인물이다.

이 날 회담을 마친 후 조정환 외무장관 서리는 1950년 6.25전쟁 발발 직전 덜레스가 트루먼 대통령 특사로서 방한했을 때 했던 "한국은 결코 고립되어 있지 않다"는 말을 재확인했다고 발표했다. 한국 안보가 미국에 크게 의존하고 있던 시절 유럽 출신으로 미국 시민권을 취득하기도 했었던 푸랜시스카는 대통령 영부인으로서 한국의 대외관계에서 많은 역할을 수행했다.

(사진: 대한민국 국가기록원 나라기록관)

1956.3.26. 경무대.

이 대통령의 생일을 맞이하여 장제스 중화민국 총통이 보낸 생일축하 휘호를 이 대통령에게 전달하는 왕둥위안(王東原) 중화민국 대사 일행과 함께.

조정환 외무장관 서리가 선물로 증정된 한문 족자를 펼쳐 들고 있는 동안 이 대통령이 족자의 한문을 읽고 있다. 이 대통령은 대한제국 시기 한성감옥서에 수감되어 있던 시절(1899~1904)에 『체역집(替役集)』이라는 한시집을 남길 정도로 한문에 능통했다. 그럼에도 불구하고 이 대통령이 미국과 친해서 한문은 잘 모른다는 황당한 낭설이 유행하기도 했다.

1956.4.25. 경무대.

경무대를 일반 시민들에게 공개한 후 방문한 학생들과 기념촬영하는 푸랜시스카.

이 날 이 대통령과 푸랜시스카는 이 대통령의 선조 양녕대군의 사당과 묘소도 참배하는 바쁜 일정을 보냈다.

(사진: 대한민국 국가기록원 나라기록관)

1956.4.25. 이 대통령의 16대 선조 양녕대군의 묘와 지덕사.

이 대통령의 친척들과 함께 기념촬영하는 푸랜시스카. 이 대통령은 청년시절 고종의 실정에 대해 비판하면서 "나의 선조[양녕대군]가 동생(세종)에게 왕위를 양보하지 않았다면 내가 저 자리에 있었을 수도 있었다"고 하면서 나라를 지키지 못한 전주 이씨 왕족을 부끄러워 했고, 할 수만 있다면 성을 바꾸고 싶다고도 했었다.

이 대통령은 다음 날인 4월 26일 경무대에서 군목 130명을 초대해 "오늘만 살지 말고, 내일도 살아야 한다" 는 각오를 가지고 부(富)하고 강한 나라를 만들자고 호소했다.

(사진들: 국정홍보처)

1956.5.3. 논산. 육군 제2훈련소.

논산 육군 제2훈련소 창설 4주년 기념식에 참석하기 위해 비행기에서 내리는 푸랜시스카. 환영나온 훈련소장 양국진 중장 등과 함께 기념촬영하는 이 대통령과 푸랜시스카. 양국진 중장은 1955년 9월부터 제2훈련소장을 맡았다.

아래 사진의 안경 쓴 민간인은 서울신문 사장 김형근(金亨根, 1915~1993)으로 추정된다. 김형근은 와세다대학교 법학부를 졸업하고, 일본 고등문관시험 사법과에 합격한 뒤 경성지방법원과 대구지방법원 판사를 역임했다. 경무대 비서관을 지낸 후 1954년 내무차관으로 있다가 백한성 장관과의 의견대립으로 사표를 냈으나 1955년 4월 내무장관에 임명되었다. 5.15선거 직후 신병을 이유로 사표를 냈고, 후임으로 이익흥 내무장관이 임명되었다. 김형근은 1956년부터 1958년까지 서울신문 사장을 지냈고, 1957년에 한국일간신문발행인협회 초대 회장이 되었다.

1956.5.3. 논산.

육군 제2훈련소장 양국진 중장 등의 안내로 브리핑룸으로 향하는 이 대통령과 푸랜시스카.
위 사진에서 육군 제2훈련소 안에 피어 있는 꽃을 감상하고 있는 푸랜시스카의 모습이 평화롭다.

1956.5.3. 논산 육군 제2훈련소.

이 대통령 기념사를 듣고 있는 푸랜시스카(위 사진). 이 날 이 대통령은 육군 제2훈련소가 빠르게 발전하는 모습을 보니 "티끌모아 태산"이라는 말이 생각난다는 감상을 표현하면서 축사를 했다. 육군 제2훈련소 브리핑실에서 이 대통령과 함께 설명을 청취하는 푸랜시스카의 양옆으로 이선근 문교장관, 손원일 국방장관, 정일권 육군참모총장 등의 모습이 보인다(아래 사진).

이선근 문교장관은 1956년 6월까지 문교장관으로 재임했고, 1957년 10월 성균관대학교 총장이 되었다. 정일권 육군참모총장은 1956년 6월 27일 제2대 연합참모본부 총장으로 전임되었다가 1957년 터키 주재 대사로 나가게 된다. 1956년 1월 30일 정일권 참모총장과 사이가 좋지 않았던 김창룡 특무부대장 암살사건이 있었다.

1956.5.3. 논산.

환영하는 논산 주민들을 향해 손을 흔드는 푸랜시스카와 이 대통령(위 사진). 논산역에서 기차에 오르기 전 환송나온 어린이들과 함께 기념촬영하는 이 대통령과 푸랜시스카(아래 사진).

이 대통령은 논산역을 비롯한 7개역(대전역, 조치원역, 천안역, 평택역, 수원역, 안양역)에서의 역두 연설을 통해 "친일친공"을 경고하고, "반일반공"을 역설했다.

1956.5.8. 장소 미상. 어머니날.

어머니날을 맞이하여 김태선 서울시장과 함께 모범적 어머니들에게 표창장을 수여하는 푸랜시스카. 서울시에서는 이날 37명의 어머니들에게 표창장을 수여했다.

표창장을 받은 어머니들 중 안갑순 어머니 외 17명은 다산자(多産者)들로서 광목 한 필씩의 부상을 받았다. 정영아 외 17명은 3형제 이상 군대에 보낸 어머니로서 표창장과 함께 은수저 한 벌을 부상으로 받았다. 이선배(70)는 애국 어머니로서 표창장과 함께 은수저 1벌을 선물로 받았다.

(사진: 국정홍보처)

1956.5.12. 오후 2시 경. 덕수궁.

보건부(최재유 장관, 1957년 11월부터 문교장관) 주최 제10회 우량아 및 제1회 건강학동 시상 및 표창식에 참석한 푸랜시스카의 왼쪽으로 김태선 서울시장, 최재유 보건장관 등이 보인다. 푸랜시스카의 오른쪽으로 휘트먼 부인, 휘트먼 부인의 동행인, 김태선 서울시장 부인, 헬렌 베스 킹 부인으로 추정된다(위 사진).

영예의 최우량아로 뽑힌 4명은 주영배(남), 정혜경(여), 임인석(남), 임유성(여)이다. 우량아 24명, 구대표 우량아 36명도 표창장을 받았고, 제1회 건강학동 입선자 211명 중 6명이 대표로 표창장을 받았다.

(아래 사진: 대한민국 국가기록원 나라기록관)

1956.5.12. 오후 4시 30분경. 경무대.

이 대통령이 미국 로버트슨(Ruben B. Robertson, 1908~1960, 작은 사진) 국방차관 일행을 접견하는 동안 로버트슨 부인 일행을 접견하는 푸랜시스카. 이 날 오후 2시부터 덕수궁에서 우량아 선발대회 한복을 입고 참석한 후, 급히 양장으로 갈아입은 것으로 보인다.

푸랜시스카가 다정하게 팔을 잡고 있는 여성이 로버트슨 부인이다. 로버트슨 부인의 왼쪽에 미8군 사령관 화이트 대장 부인, 푸랜시스카의 오른쪽으로 1959년 7월 미 육군 참모총장이 되는 렘니쩌 국제연합(UN)군 사령관 부인, 그리고 스트롬 (Carl W. Strom) 주한 미국 대사 대리 부인의 모습이 보인다. 한국 측에서는 손원일 국방장관, 조정환 외무장관 서리가 동석했다. 이 날 기자회견에서 로버트슨 국방차관은 정전협정과 한미동맹을 재확인하는 한편 원자무기를 도입하여 주한미군을 강화하는 문제에 관해서는 워싱턴, D.C.에서 논의 중에 있으나 자신은 말할 위치에 있지 않다고 답변했다.

로버트슨 부부는 14일 여의도공항을 출발하여 오산 미군기지를 시찰한 후 도쿄로 향했다. 기업가 출신의 로버트슨 국방차관은 장래가 촉망되던 인물이었으나 1960년 오토바이 사고로 갑자기 별세했다.

(사진: 대한민국 국가기록원 나라기록관)

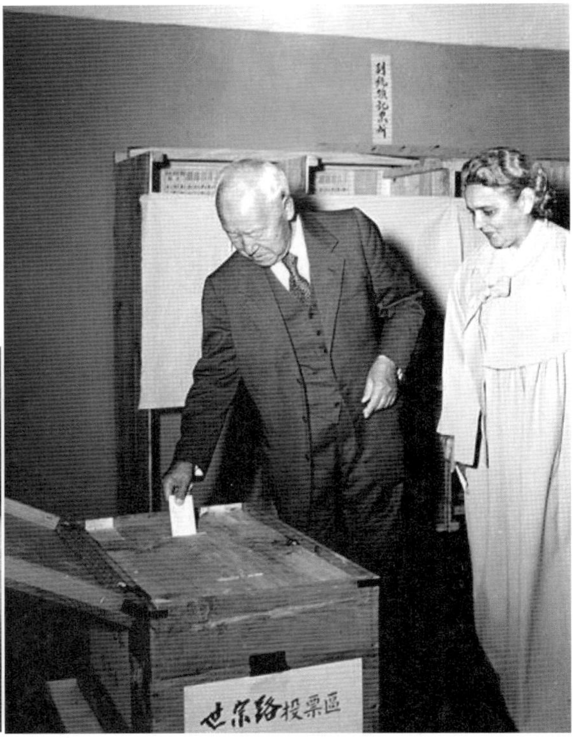

1956.5.15. 서울시 세종로 투표소.

1956년 제3대 대통령 선거와 제4대 부통령 선거에서 이 대통령과 함께 투표하는 푸랜시스카(큰 사진). 5월 5일 신익희(제2대 국회의장, 작은 사진 가운데) 민주당 후보가 선거유세 중 기차 안에서 갑자기 병사하자 신익희 추모표를 흡수한 제3후보 조봉암(작은 사진에서 오른쪽)이 약진했다. 그럼에도 불구하고 이승만 후보가 조봉암 후보에게 70% 대 30%의 압도적 득표율 차이로 승리했다.

이승만 후보의 높은 득표율이 그가 기호 1번이라서 무지한 대중이 무조건 1번을 찍은 결과였다는 해석도 있으나 이승만 후보는 1952년부터 1960년까지 치러진 세 번의 대통령 직선에서 한번도 기호 1번인 적이 없었다.

부통령 선거에서는 자유당의 이기붕 후보가 신익희 추모표를 흡수한 야당의 장면 후보에게 패배했다. 당시 야당지였던 『동아일보』에서 발표한 득표율에 따르면 장면 41.7%, 이기붕 39.6%, 이범석 3.3%, 윤치영(작은 사진 왼쪽) 2.5%, 백성욱 2.3%, 이윤영 0.3%, 기권 5.6%, 무효 4.3 % 였다. 이승만 계열 후보들의 총 득표율은 장면 후보의 득표율보다 훨씬 높았다. 윤치영은 내무부 치안국장 김장흥이 윤치영의 표 150만 표가 25만 표로 둔갑했다고 고백했다고 회고하기도 했다.

미국식 러닝메이트제와 달리 대통령과 부통령이 각기 다른 경쟁적 정당에 속한 이질적 권력구조가 형성되면서 고령의 대통령 유고 시에 바로 여야 정권교체가 이루어지게 되어 있던 불안정한 정치상황이 1960년까지 지속되었다. 제3대 대통령과 제4대 부통령의 임기는 1956년 8월 15일부터 시작되었다.

(작은 사진: 공공사진, 큰 사진: 국정홍보처)

1956.5.18. 중앙대학교.

중앙대학교 설립에 크게 기여한 파이퍼홀 준공식에서 임영신 총장의 안내를 받고 있는 푸랜시스카. 친이승만-반이기붕 노선을 걸었던 임영신은 1952년 부통령 선거에 이어서 1956년 5월 15일 부통령 선거에 출마하여 이기붕과 대결했다. 이후 함께 부통령 선거에 출마했던 이승만의 측근 윤치영과 함께 반-이기붕 노선을 걸었다. 아래 사진은 중앙대학교 운동장에서 연설하는 임영신 총장. 대한민국 건국공로자인 임영신 총장은 이승만을 존경하여 호를 승당이라고 지을 정도였다. 당시 서울시 영등포구에 속해 있던 흑석동 중앙대학교의 중앙도서관 명칭은 우남기념도서관이었다.

1956.5.22. 제주도 서귀포.

이승만 대통령과 밴 플리트 미군 예비역 대장. 6.25 전쟁 중 미8군 사령관을 역임했던 밴 플리트는 한미재단 이사장을 맡아 전후 한미관계 발전에도 크게 기여했다. 푸랜시스카는 이 제주도 일정에는 동행하지 않았지만 밴 플리트와 매우 친밀했다. 제주도를 특히 사랑했던 밴 플리트는 한미재단을 통해 제주도의 낙농산업과 관광산업의 기반을 닦았다.

1952년 8월 발족한 한미재단은 1976년까지 약 5천만 달러를 한국에 원조했다. 한미재단의 한국에 대한 원조는 보건의료, 4-H클럽, 지역사회개발, 교육, 사회복지, 주택 등 여러 분야에서 이루어졌다. 한미재단 총재(President)이자 재활의학 창시자들 중 한 명이었던 러스크는 한국의 보건의료부문 발전을 견인했다. 한미재단의 지원을 받아 세계 2위 규모로 성장하게 되는 4-H클럽은 박정희정부 시기 새마을운동의 기반이 된다.

1956.6.4. 오전. 경무대.

대한민국에 공헌이 많은 미군들에게 훈장을 수여하고, 기념촬영하는 이 대통령과 푸랜시스카.

1954년 1월부터 미 제5공군 사령관을 맡아 한국공군 육성에 크게 기여한 래미(Roger Maxwell Ramey, 1905~1963, 위 사진 맨 왼쪽) 중장에게 태극은성무공훈장, 부사령관 크린취 준장에게 금성을지무공훈장, 참모장 로버쓰 대령에게 은성을지무공훈장을 수여했다. 일본에 본부를 두고 한반도 상공까지 관할하던 미 제5공군의 래미 사령관이 미국 본토 방공사령부 부사령관으로 전임하게 됨에 따라 6월 3일 오후 여의도공군기지 상공에서 공군분열식이 열린데 이어 6월 4일 오전 경무대에서 훈장 수여식이 개최되었다.

위 사진의 이 대통령과 로버쓰 대령 사이로 김정렬 공군참모총장과 그 옆의 정긍모 제독의 모습이 보인다. 아래 사진의 푸랜시스카 뒤로 김용우 국방장관의 얼굴도 보인다. 김용우는 불과 며칠 전인 5월 26일 국방부 원면 부정사건의 책임을 지고 물러난 손원일에 이어 제6대 대한민국 국방장관 임기를 시작했다. 김용우는 이기붕에 이어서 두번째 민간인 출신 국방장관이었다.

1956.6.4. 오전. 경무대 정원.

미국 본토 방공사령부 부사령관으로 전임하기 앞서 다소 어두운 표정의 래미(Roger Maxwell Ramey, 1905~1963) 중장은 1957년 1월 심장병으로 인한 건강문제로 전역했다. 6년 후인 1963년 3월 이 대통령과 푸랜시스카가 하와이에 머물던 시기에 별세했다.

1956.6.15. 전라남도 구례역.

외빈들과 함께 화엄사 시찰에 나선 이 대통령과 푸랜시스카. 14일 오후 9시 서울역을 출발하여 15일 아침 전라남도 구례역에 도착했다. 이 날은 푸랜시스카의 56회 생일이었다. 국제연합 한국재건단(UNKRA) 이스트우드 부단장, 미 극동군 사령관 겸 국제연합(UN)군 사령관 렘니쩌(L. L. Lemnitzer) 대장 부부, 주한 미국 대사 대리 스트롬(Carl W. Strom) 부부 등도 동행했다.

위 첫번째 사진에 먼저 하차한 이 대통령과 하차 중인 푸랜시스카의 양 옆으로 유재흥 3군단장, 이익흥 내무장관, 곽영주 총경 등의 모습이 보인다. 아래 사진 푸랜시스카의 왼쪽 두번째 렘니쩌 대장 부인이 보이고, 그녀의 뒤로 안경 쓴 국제연합 한국재건단(UNKRA) 콜터 단장의 모습이 보인다.

1956.6.15. 전라남도 구례군.

화엄사 시찰 여행 중 환영나온 여고생들과 함께. 푸랜시스카의 왼쪽으로 선글래스를 착용하고 하모니카를 연주하는 여고생의 모습도 보인다.

1956.6.15. 화엄사(華嚴寺) 불이문(不二門) 앞.

환영하는 화동들과 함께 기념촬영하는 이 대통령과 푸랜시스카 일행.

'불이(不二)'는 진리가 둘이 아님을 뜻한다. 불이문은 기둥들이 일렬로 커다란 기와지붕을 받치고 있다 하여, 일주문이라고도 불린다. 불이문에 걸린 智異山華嚴寺(지리산화엄사) 편액은 조선 14대 왕 선조의 서자 의창군(義昌君) 이광의 글씨다. 양녕대군의 16대손인 이 대통령도 한문과 붓글씨에 능했다.

1956.6.15. 구례 화엄사.

화엄사 승려들의 안내를 받으며 화엄사 경내를 둘러보는 이 대통령과 푸랜시스카 일행. 아래 사진에서 이 대통령 바로 앞에 있는 민병기(閔丙祺, 1901~1973, 위 작은 사진) 당시 전남지사, 그리고 사진 오른쪽 끝에 이익흥(李益興, 1905~1993, 아래 작은 사진) 당시 내무장관의 모습도 보인다. 민병기는 경성의전을 졸업한 의사였고, 평북 선천 출신의 이익흥은 규슈제국대학 법과를 졸업한 후 경찰에 투신했었다.

1956.6.15. 구례 화엄사.

렘니쩌(Lyman Lemnitzer, 1899~1988, 작은 사진) 대장 부부와 함께 한국 문화와 역사에 관한 이 대통령의 설명을 듣고 있는 푸랜시스카. 렘니쩌 대장은 1951년 11월 이후 제7보병사단 사단장, 1955년 3월 대장으로 승진, 미8군 사령관이 되었다. 72일간 미8군 사령관으로 있던 렘니쩌는 1955년 6월 미 극동군 사령관 겸 국제연합(UN)군 사령관이 되어 약 2년간 재임한다. 1957년 7월 미 육군참모총장, 1960년 9월 미 합참의장으로 임명되어 정년인 60세가 지난 이후까지 도합 14년 동안 대장으로 있으면서 미국의 대한 군사정책에 큰 영향을 미쳤다.

1956.6.15. 전라남도 구례 화엄사

화엄사 경내를 둘러보고 있는 이 대통령과 푸랜시스카 일행. 위 사진에서 푸랜시스카가 "南北統一 聖業完遂(남북통일 성업완수)"라고 쓰여진 기원문이 매달려 있는 연등 쪽을 바라보고 있다.

1956.6.15. 전라남도 구례군 화엄사.

일행들과 함께 각황전 앞에서 기념촬영을 하는 이 대통령과 푸랜시스카. 각황전 석축은 신라시대, 불전은 조선 숙종 때 지은 것으로 알려져 있다. 화엄사는 신라 고승들에 의해 창건되고 발전된 고찰이다. 사진 오른쪽 두번째부터 유재흥 3군단장, 이익흥 내무장관, 두 사람 건너 콜터 운크라 단장, 렘니쩌 미 극동군 사령관 겸 국제연합(UN)군 사령관, 그 앞에 6월 26일 임기를 마치는 정일권 육군 참모총장 등의 모습이 보인다. 사진 왼쪽 첫번째 민병기 전남지사의 모습도 보인다.

(사진: 연세대 이승만연구원)

1956.6.15. 귀경길

구례 화엄사 시찰 후 귀경하는 길에 군중의 환호에 응답하는 이 대통령과 푸랜시스카. 이 대통령은 구례역, 남원역, 전주역, 이리역, 서대전역 등에서의 역두연설을 통해 남북통일을 강조하고, 자유당이 옳은 일만을 해야 한다고 훈시했다. 기차를 타고 가며 기차역에서 연설하는 방식은 이 대통령이 미국에서 독립운동을 할 당시 미국의 정치인들이 선거유세에서 애용하던 방식이었다. 이 대통령은 초대 대통령 때에도 이러한 방식의 기차역 연설을 통해 대중과 만났다.

(『푸랜시스카 사진의 한국사』 참고)

1956.6.20. 오후. 경무대.

6.25전쟁 발발 6주년 기념일을 앞두고 서울 탈환에 공을 세웠던 각 사단의 모범용사 40명(7사단에서 선발된 진고산 특무상사 등)을 접견하고, 다과회를 주최한 프랜시스카. 이 날 이 대통령은 "나라의 존망이 우리 국군의 두 어깨에 있는 것"임을 강조하고, "남북통일이 또한 우리 국군의 직책"이라고 훈시했다.

(아래 사진: 건국이념보급회)

1956.6.25. 중앙청 광장.

6.25의 날 기념식. 6.25전쟁 발발 6주년 기념식에 참석한 이 대통령과 푸랜시스카가 만세 삼창을 부르고 있다. 이 날 행사에는 3부 요인들과 주한외교사절, 한국군 및 국제연합(UN)군 관계자들을 비롯한 수천 명이 참석했다. 이 대통령은 이 날 기념사에서 "한국문제의 유일한 해결책은 북한으로부터 중공군의 철수"라고 역설했다. 6.25전쟁 당시 한국의 통일을 막았던 중공군이 아직 북한 지역에 주둔하고 있던 때였다.

1951년 2월 14일자 푸랜시스카의 일기에 따르면, 부산 피난 시절 기독교단체 대표 김치선 목사 등이 6월 25일을 '국난극복일'로서 금식과 기도의 날로 제정해줄 것을 요청했다. 이에 대해 이 대통령은 조선총독부와 미군정이 자유의사를 무시하고 정책을 강압적으로 시행했다고 말하면서, 6.25 국난극복일 실시에 있어서는 어디까지나 우리 국민들이 이 나라의 주인답게 자유의사에 따라 할 것을 강조했다. 이 대통령은 대한제국 시기 독립협회를 통한 대중집회(만민공동회), 1919년 4월 필라델피아대한인총대표회의 등에 주도적으로 참여했었다.

1956.7.2. 경무대.

경향신문사 후원 한중친선여자농구대회에 참석하기 위해 방한한 중화민국(자유중국, 대만)의 량유(良友) 여자농구대 대장 쉬한잉(徐漢英) 등과 기념촬영하는 이 대통령과 푸랜시스카. 대한민국과 중화민국은 동맹관계는 아니지만 긴밀한 특수관계에 있었다.

1956.7.10. 오전 11시 경. 진해.

해군 드라이 도크(Dry Dock, 건선거) 준공식에 참석한 이 대통령과 푸랜시스카. 이 대통령은 "남북을 통일해서 일본이 다시는 한국에 야심을 못갖게 하는 것"이 중요하다고 역설하고, "이순신 장군의 기상"을 가질 것을 강조했다.

1956.7.11. 오전. 포항.

미 제1해병 비행단(First Marine Aircraft Wing) 이한 고별식에 참석한 이 대통령과 푸랜시스카. 김용우 국방장관, 정일권 대장 등도 보인다.

아래 사진에서 오닐(David F. O'Neill, 1904~1963) 준장이 1950년부터 1956년까지의 미 제1해병 비행단의 활약상을 담은 사진첩을 이 대통령에게 증정하고 있다.

1956.7.11. 성남 K-16 공군기지.

이 날 오전 포항에서 개최된 미국 제1해병 비행단(First Marine Aircraft Wing) 이한 고별식에 참석한 후 성남 K-16 공군기지로 귀환한 이 대통령과 푸랜시스카.

일자, 장소 미상.

미국 군의관 타인스(MG Achilles Lacy Tynes, 1905~1981) 준장과 함께 기념촬영하는 이 대통령과 푸랜시스카.

사진에 타인스 준장이 쓴 헌정사가 보인다. 타인스 장군은 중장으로 진급하여 1962년 9월부터 1965년 5월까지 월터리드 미 육군병원장으로 봉직했다.

월터리드 육군병원은 미국의 최고급 병원으로 1960년 야당 대통령 후보 조병옥이 암 치료를 받다가 별세한 곳이기도 하다. 당시 이 대통령은 조병옥 후보가 이 병원에서 치료받기 위해 한국을 떠날 때 도움을 주기도 했었다.

(작은 사진: 공공사진)

1956.8.13. 경무대.

8월 15일에 있을 제3대 대통령 취임식을 이틀 앞둔 이 대통령과 푸랜시스카.

대한민국임시정부 초대 대통령에 이어서 대한민국 초대, 2대 대통령을 지낸 이승만에게 있어서 1956년의 대통령 3연임은 정치적 연승인 동시에 몰락의 시작이었다.

1956.8월 추정. 경무대.

애견과 함께 기념촬영을 하는 푸랜시스카. 6.25전쟁 정전 후 3년이 지났지만 아직도 공중폭격에 대비한 위장그물망이 경무대 외벽에 설치되어 있다.

1956.8.14. 경무대.

하와이대한부인구제회(회장 서복수) 회원들과 함께 기념촬영하는 이 대통령과 푸랜시스카.

3대 대통령 취임식과 8.15경축식을 하루 앞둔 이 날 하와이에서 방한한 27명의 대한부인구제회 회원들이 경무대를 예방했다.

이 대통령 앞 두 명의 소녀들은 다음 날 경축공연에서 하와이 훌라댄스를 공연하기로 한 소녀들로 추정된다.

(사진: 연세대 이승만연구원)

1956.8.15. 중앙청 앞 광장.

광복절 겸 제3대 대통령 취임식에 참석하기 위해 차에서 내리는 푸랜시스카. 푸랜시스카가 세 번째 대한민국 대통령 영부인이 되는 날이었다.

이 날 식장에는 미국 경축사절단의 일원으로 이 대통령과 푸랜시스카의 오랜 친구인 미국 상원 원목 프레데릭 B. 해리스(작은 사진)가 참석하여 개막에 앞서 감격의 포옹을 나누었다.

취임식 및 기념식이 끝난 후에는 백선엽 전 육군참모총장의 동생 백인엽 1군단장이 지휘하는 3군 장병 분열식이 땅과 하늘에서 거행되었다.

1956년 당시 푸랜시스카는 56세, 이 대통령은 81세의 고령이었다. 1955년 한국인 평균수명은 41.93세였다.

두손을 앞으로 모으고 푸랜시스카를 맞이하는 민간인 복장의 인물은 1956년 7월 28일자로 경무대 경찰서장으로 임명된 곽영주(郭永周, 1924~1961.12.21)다. 곽영주는 5.16군사정변 이후 1960년 4월 19일 경무대 앞 발포 책임자라는 이유로 사형에 처해졌다.

(사진: 대한민국 국가기록원 나라기록관)

V

보론

1. 서
2. 사진의 역사정치학
3. 푸랜시스카 사진의 역사정치학
4. 인간 푸랜시스카 또나
5. 결

1. 서

"과거는 외국"이라는 말은 과거의 한 인간을 연구할 때 특히 명심해야 하는 경구이다. 외국 출신으로 '잊혀진 대한민국 초대 대통령 영부인'(the forgotten first First Lady) 푸랜시스카 또나 (한국 가족관계등록부 상의 표기에 따름, 영문 표기는 Francesca Donner Rhee, 1900.6.15~1992.3.19)의 경우는 더욱 그러하다. 이 책은 푸랜시스카 또나가 소장했거나 관련된 사진들을 통해 그녀 자신과 그녀가 경험했던 시공간과 인간들을 '있었던 그대로' 재조명해보고자 했다.

그런 의미에서 이 책은 푸랜시스카 관련 사진들을 단순히 연대기적으로 정리, 고증, 분석하는 차원을 넘어서 다른 시점에서 본 한국정치외교사적 성격을 지닌다. 대한독립운동에 참여했던 유럽 출신 여인이 대한민국 대통령 영부인으로서 권력 중심에 서는 과정, 그리고 대통령중심제를 채택한 독립국가에서 대통령 옆에 있던 그녀를 통해 드러나는 권력관계, 권력 정점에서의 몰락과정이 그녀의 관련 사진들을 통해 드러난다. 사진들은 기존의 정치외교사 서술을 뒷받침해주기도 하지만 정치적으로 서술된 역사를 교정할 수 있는 기회를 제공해주기도 한다.

푸랜시스카가 소장했거나 관련된 사진들을 통해 본 정치외교사는 다음과 같은 시기들로 나누어 볼 수 있다. (1) 1900년 출생 이후 1933년 이승만과 만나 1948년까지 대한독립운동에 동참한 시기, (2) 1948년 대한민국 독립부터 1952년까지의 대한민국 초대 대통령 영부인 시기, (3) 1952년부터 1956년까지의 대한민국 제2대 대통령 영부인 시기, (4) 1956년부터 1960년까지 대한민국 제3대 대통령 영부인 시기, (5) 1960년 이 대통령 하야 이후 1965년 이 대통령이 별세하고 1992년 푸랜시스카도 별세할 때까지의 은퇴시기.

2021년 출간된『푸랜시스카 사진의 한국사I』은 (1)과 (2)의 시기들을 다루었고, 이 책은 (3)시기에 해당한다. 대통령 영부인 푸랜시스카 관련 사진들은 대통령중심제 국가였던 제1공화국의 일면을 잘 보여주고 있다. 대한민국 대통령 영부인은 법으로 규정된 권리나 의무는 없지만, 정치적 영향력은 작지 않았고, 커다란 국민적 기대와 애증의 대상이었다.

1950년대의 한국정치외교사는 6.25전쟁 정전 이후 분단 고착화 과정의 역사, 4.19혁명으로 향하는 독재의 역사 등으로만 인식되거나 21세기 세계 굴지의 나라가 된 대한민국에서 더 이상 기억하고 싶지 않은 과거로서 기피되는 경향이 있다. 푸랜시스카 관련 사진들이 이러한 인식과 편향을 모두 부정할 수는 없겠지만, 보다 다양한 시각으로 이 시기의 정치외교사를 볼 수 있게 해준다.

2. 사진의 역사정치학

VR(가상현실)이나 AR(증강현실)을 합한 XR의 시대에서도 '있었던 그대로'의 사실(how it really was)를 보여주는 사진자료들은 여전히 소중하다. 사진자료들은 시간이 갈수록 현대 세계가 가상현실을 추구하더라도 공존할 수 밖에 없는 과거의 귀중한 사실들을 담고 있다.

역사는 지배자들에 의해서만 왜곡되는 것이 아니라 대중에 의해서도 왜곡된다. 많은 현대사 서술들이 "피해자 역사 중심주의"에 따라 묻어버리는 지배자들의 역사 자료들이 있다. 그러나 설사 진시황, 연산군이라 할 지라도 지배자들이 남긴 자료들을 발굴, 보존, 정리, 고증, 분석하는 것은 필요하다. 정치학자로서 역사학자들이 발굴한 자료들에 많이 의존했고, 계속 그럴 수도 있었지만 역사학자들이 미처 하지 못하거나 하지 않은 자료 발굴들을 직접해야 했다. 그동안 자료발굴들이 되지 않은 배후에는 정치학자가 관심을 가질 수 밖에 없는 정치적 이유들이 있었다.

역사정치학은 단순히 '역사학과 정치학의 학제적 융합' 이나 역사로부터 정치적 교훈을 도출하는 것일 뿐만 아니라 특정한 정치적 입장에 따라서 사료와 해석을 제한하는 것에 대한 비판적 분석을 포함한다. 역사학과 정치학을 접맥시키고자 하는 노력은 오래 전부터 존재했다. 영국의 실리(John Robert Seeley)는 1885년의 강연에서 "정치학 없는 역사는 열매가 없고, 역사 없는 정치학은 뿌리가 없다"고 말한 바 있다.

역사정치학은 역사학과 정치학의 단순한 융합의 차원을 넘어서 역사가 정치적으로 어떻게 만들어지고, 이용 또는 오용되는가에 관한 정치학적 분석으로서 역사에 내재된 정치권력을 해체(deconstruction)하는 작업이기도 하다. 역사정치학적 탐색은 영웅, 민족, 민중, 민주 등 절대화된 정치적 관념으로부터 역사적 사실들을 최대한 분리시켜 보고, 기존 역사서술의 마침표를 물음표로 바꾸어 보면서, 작은 느낌표들을 이어가는 것이다. 이를 통해 과거에 대한 호기심의 충족을 넘어서 개인의 사유를 깊게 하고, 현재의 정치적 편견과 미래의 정치적 오판을 줄이는데 기여할 수 있다.

사진은 시대의 단편이다. 사진에 담긴 시공간과 인간은 과거를 '있었던 그대로' 보는데 도움을 준다. 사진의 역사정치학은 사진자료를 활용한 정치학인 동시에 사진정치에 대한 정치학적 분석이기도 하다. 후자의 사례로 스탈린의 사진(조작) 정치를 다룬 킹(David King)의 *The Commissar Vanishes*라는 책을 들 수 있다. 스탈린은 자신과 함께 촬영된 인물들을 숙청한 후에는 그들의 사진들을 공공도서관 등에 소장된 자료들에서 말소해버렸다. 평양정권은 이러한 스탈린의 사진(조작) 정치를 계승했다. 일례로 김일성의 정전협정 체결 장면을 찍은 사진에 등장하는 김두봉이 숙청당한 후 이 사진에서 김두봉의 모습은 말소되었다.

이처럼 정치적으로 사진들을 변조했던 전체주의 국가가 아닌 자유민주주의 국가에서 촬영된 사진들이 전해주는 사실들은 기존의 역사 서술을 뒷받침해주기도 하지만 기존의 선입견과 다른 사실들을 확인시켜 주기도 한다. 정치적으로 손질되기 이전의 '있었던 그대로' 의 사실에 접근해보고자 하는 노력이 역사의 전부는 아니라 하더라도 역사의 중요한 일부인 것은 분명하다.

3. 푸랜시스카 사진의 역사정치학

역사정치학적으로 볼 때, 1960년 이후 푸랜시스카가 잊혀지거나 왜곡되면서 한국근현대사의 일부가 함께 잊혀지거나 왜곡되었다. 이 대통령의 정치적 몰락 이후 이 대통령과 푸랜시스카에 대한 기록들이 폐기되거나 방기되는 경우도 많았다. 이 대통령이 명예롭게 퇴임했더라면 함께 촬영된 사람들이 가보로 간직했었을 수도 있었던 사진들이 망실되거나 가려졌다. 6.25전쟁 시기와 6.25전쟁 정전 직후 대한민국 대통령의 일정은 공개되기 어려웠다. 이로 인해 촬영된 사진의 정확한 시간과 장소를 특정하기 어려운 경우도 많았다.

평양, 베이징, 모스크바와 같은 전체주의적 독재체제는 아니었지만 대한민국의 제1공화국에서 대통령의 권한과 권위는 막강했다. 따라서 당시의 정보와 지식, 그리고 정책결정들이 대통령을 중심으로 집중되는 경향이 있었다. 법으로 규정된 대통령 영부인의 권리나 의무는 없었지만, 정치적 영향력은 작지 않았고, 국민적 기대와 애증도 컸다. 현재보다 훨씬 더 권력이 대통령에 집중되어 있던 제1공화국 시기 대통령 영부인에 대한 기억의 상실과 왜곡은 한국사 일부의 상실과 왜곡을 낳았다. 푸랜시스카 사진의 한국사는 기억의 회복, 확인, 그리고 교정에 도움을 줄 수 있을 것이다. 오스트리아-독일어가 모국어였고, 영어에도 능통했던 대한민국 대통령 영부인 푸랜시스카의 활동상과 그녀가 만났던 인물들을 보여주는 사진들 및 관련 사진들은 당시의 대한민국을 더 다양한 각도에서 볼 수 있게 해준다. 푸랜시스카 사진들에는 6.25전쟁 등을 겪으면서 안보적 이유로 언론보도가 통제되었던 상황에서 많은 언론인들이 피상적으로 보도하거나 미처 보도할 수 없었던 현장의 모습들이 담겨져 있기도 하다.

대통령 중심제 국가에서 대통령과의 지리적 근접성은 권력의 크기를 표현하곤 한다. 푸랜시스카를 포함해서 이 책의 사진들에 등장하는 인물들은 당시 정치권력의 분포를 보여주기도 한다. 아직 사진 변조 기술이 발달하기 전에 촬영된 사진들은 "있었던 그대로"의 많은 진실들을 전달해준다. 이 책이 아직 생존해 있는 분들의 기억들을 되살리고 모아내는 촉매가 될 수도 있을 것이다.

푸랜시스카 관련 사진들의 가치가 제대로 평가받지 못하고, 사진 속 인물들의 신원도 제대로 밝혀지지 않은 것은 이승만 대통령에 대한 부정적 평가(일부 타당하지만 편견 많은)에서 기인하는 바가 크다. 1960년 4월 이승만 대통령의 불명예퇴진은 대통령 영부인 푸랜시스카 관련 사진들에 대한 외면과 무관심을 초래했다. 사진 속에 등장하는 많은 인물들은 이 대통령과 푸랜시스카의 정치적 몰락 이후 잊혀지기도 했지만 스스로 잊혀지기를 원했던 경우들도 있을 것이다.

이 연구가 아직 생존해 있는 사람들의 기억들을 되살리고 모아내는 촉매가 됨으로써 기억의 회복,

확인, 그리고 교정에 도움을 줄 수 있기를 기대해본다. 대한민국 제1공화국 시기 정치외교사 사료들을 수집, 정리, 보존, 분석하여 후대에 남기는 것은 팔만대장경, 이조왕조실록 등의 문화 국가유산을 자랑하는 대한민국의 역사적 전통에도 부합되는 일일 것이다.

4. 인간 프랜시스카 또나

프랜시스카의 생애는 이승만을 빼놓고 말할 수 없다. 이승만의 공과에 관해서는 많은 연구들이 나왔고, 또 나오고 있다. 『우남 이승만 전집』도 늦게나마 출간 중에 있다. 2024년 1월의 독립운동가로 이승만이 선정되기도 했고, 이승만을 재조명하는 다큐들도 계속 나오고 있다. 그러나 여성이자 이주민이었던 프랜시스카는 여전히 한국근현대사의 "잃어버린 고리"(missing link)로 남아 있다. 1950년 10월 미국의 시사 주간지 『타임(Time)』지는 "Father of His Country?"라는 제목의 표지 기사에서 "이승만이 우리나라의 아버지일 지는 몰라도, 그녀는 결코 어머니가 될 수 없다"는 한 "좌익 인사"의 말을 소개하기도 했었다.

프랜시스카는 죽을 때까지 자신을 "호주댁"이라고 부르는 한국인들을 향해 자신의 고향은 오스트레일리아가 아니라 오스트리아이며, "호주댁"이 아니라 "한국댁"이라고 호소하며 살았다. 오스트리아 출신 프랜시스카가 "호주댁"이라고 불린 것은 6.25전쟁 직후 대한민국을 돕기 위해 출격한 오스트레일리아 공군기를 당시 사람들이 "호주댁 비행기"라고 불렀던 것과도 일맥상통한다. 프랜시스카의 친정 오스트레일리아에서 보내준 비행기라는 가짜 뉴스에서 비롯된 명칭이었다.

프랜시스카의 한국 이름은 서양화가 고희동(高羲東)이 지은 이부란(李富蘭)이고, 한국 호적(현재 가족관계등록부)에 올려진 이름은 "푸랜시스카 또나"이다. 그녀가 생존했을 때 발표한 글에서도 "푸랜시스카"라는 표기를 사용했지만, 한국인들은 그녀를 자신들이 부르기 편한대로 "프란체스카"라고 불렀다. 이 책에서는 한국인들에게 익숙한 방식이 아니라 한국 가족관계등록부에 등재된 표기이자 본인이 생전에 사용했던 방식대로 "푸랜시스카"라고 표기했다.

국적과 이름조차 제대로 기억되지 못하고 있는 동안 프랜시스카 또나는 잊혀지거나 악녀로만 묘사되었다. 1992년 3월 프랜시스카가 별세하고 1년여 후인 1993년 4월 한국여성정치연구소(소장 손봉숙) 조사 발표에 따르면 "가장 좋아하는 대통령 영부인" 항목에서 육영수 72.2%에 비해 프랜시스카는 1.5%에 불과했다(서울특별시 거주 20세 이상 남녀 6백명을 대상으로 당시 대통령 영부인 손명순을 제외한 대통령 영부인상(像)에 대한 여론조사). 온화한 이미지를 갖고 있던 박정희 대통령 영부인 육영수의 높은 인기에 비해 프랜시스카는 대중적으로 제대로 기억되지 못했다.

프랜시스카에 대한 대중적 망각과 더불어 일각에서는 그녀에 대한 '마녀화'가 꾸준히 지속되었다. 이승만 혐오증에 인종주의적 편견까지 더해졌다. 어떤 책에서는 "오지리[오스트리아] 어느 레스토랑에서 만난 웨이트레스(접대부), 후란체스카란 양갈보"라고까지 서술되었다(김용옥, 『나는 불교를 이렇게 본다』(통나무, 1993중판, 244). 두 사람이 만난 곳은 오스트리아가 아니라 스위스 제네바였고, 프랜시스카는 웨이트레스가 아니라 어머니와 함께 식사 중이던 고객이었으니 기본적 사실과도 맞지 않는 평가가 하바드대학교에서 박사학위를 받고 한국의 명문대 교수를 지낸 평가자의 권위에 눌려 대중의 뇌리에 각인되었다. 타인을 평가하는 일은 늘 조심해야 하고, 마녀화(demonization)와 선녀화(angelization)를 모두 경계해야 한다.

푸랜시스카에 대한 '마녀화'는 이승만을 혐오하는 사람들에 의해서만 이루어진 것이 아니다. 이승만을 애호했던 사람들에 의해서도 만들어졌고, 그 영향이 더 크기도 했다. 이승만혐오 대 이승만옹호라는 이분법 속에서 이승만옹호자들은 '훌륭한 대통령의 눈과 귀를 가려 몰락으로 이끈 영부인'이라는 담론을 만들어냈다. 이들은 한국어 능력이 부족한 푸랜시스카가 이승만의 대중적 소통을 가로막았다고 주장했다. 특히, 이승만의 먼 친척으로 경무대 비서를 지냈던 우제하는 "할아버지 이승만" 보다 "할머니 푸랜시스카"를 원망했다.

이 대통령을 둘러싼 "인의 장막"이라는 표현은 원래 박찬일 등 경무대 비서진을 겨냥한 것이었다. 우제하의 회고에서 확인되는 것처럼 푸랜시스카가 이 대통령의 최측근 '비서'로서 대통령의 면담일정에 개입했던 것은 사실이다. 따라서 '대통령의 눈과 귀를 가려 몰락으로 이끈 영부인'이라는 평가가 전혀 근거가 없는 것은 아니다. 그러나 이 대통령의 명예회복을 위해서나 박찬일 등 당시 경무대 비서진을 대신해서 그녀를 정치적 희생양으로 만드는 것은 경계해야 한다. 푸랜시스카가 1956년 81세의 고령으로 세 번째 임기를 시작한 이 대통령의 건강을 지키기 위해서, 그리고 친지들의 청탁을 차단하기 위해서 이 대통령의 면담일정에 관여했던 측면도 고려되어야 한다.

이승만의 비서였던 박용만(훗날 신민당 국회의원으로 당선 후 4선)이 1965년에 출간한 『景武臺祕話』도 푸랜시스카에 대한 부정적 이미지를 확산시키는데 기여했다. 박용만의 인물평에는 1965년 출판 당시의 세평도 반영되어 있다고 보여진다. 베스트셀러였던 이 책에서 박용만은 "프 여사가 처음부터 싫었고, 그분의 기분을 맞출 수가 없었으며, 또 맞출 생각조차 하지 않았다"고 썼다. 박용만은 "얼굴에는 광대뼈가 툭 튀어나왔었고, 눈은 깊숙히 파여 들어가서 도무지 볼 품이 없었다"는 외모평도 남겨 놓았다. 여성이든 남성이든 남의 외모를 평하는 것은 비공개 사석에서라도 조심해야 하지만 푸랜시스카는 그러한 편견이 섞인 비판을 이승만 반대파 뿐만 아니라 이승만 옹호파로부터도 받았다.

푸랜시스카를 긍정적으로 평가하는 경우도 "이승만이라는 태양의 빛을 받아야 빛을 내는 달과 같은 존재"정도로 인식하는 경우가 많다. 자식도 없이 단 둘이 서로의 사랑을 이어갔던 이승만과 푸랜시스카는"하나의 중심을 도는 쌍성(雙星, binary star)"(복거일 2018)과도 같았던 것이 사실이다. 그러나 푸랜시스카 또한 독립된 개인이었고, 그렇게 연구될 필요가 있다. 푸랜시스카가 쓴 글은 많지 않지만 그녀의 활동은 그녀와 관련된 사진들을 통해 분명하게 남아 있다.

이 책은 마녀만들기와 선녀만들기의 이분법을 넘어서 '있었던 그대로'의 독립된 개인으로서의 푸랜시스카에 주목하고자 했다. 푸랜시스카의 삶은 그녀가 사랑했던 이승만과 불가분의 관계에 있었지만, 그녀가 연령, 인종, 빈부, 그리고 국적의 장벽을 넘어 무국적자였던 노령의 이승만과 결혼했던 것, 1946년 서울로 와서 이승만과 정치적 운명을 같이 했던 것, 그리고 친척 한 명 없던 한국땅에서 이기붕의 아내 박마리아에게 의존했던 것 등은 모두 그녀의 선택이기도 했다.

푸랜시스카는 대한독립운동을 위해 헌신한 외국인들 중 한 명이지만 독립유공자로서 합당한 서훈을 받지 못하고 있다. 이승만 대통령 집권기에도 많은 독립유공자들이 공훈인정을 받지 못한 상태였고, 이 대통령의 불명예퇴진 이후 푸랜시스카의 공적사항은 외면되어 왔다고 보여진다.

그녀는 대한민국 독립 이후 토대를 만드는데도 기여했다. 그녀가 오스트리아와 스코틀랜드에서 공부하며 취득한 영어 통역 자격증, 유럽식 매너, 아버지의 사업을 돕기 위해 익혔던 회계 능력 등은 모두 이를 위해 활용되었다. 그녀는 대한민국 여성외교의 선구자이기도 했다. 황경순(이동익 전 포르투갈 대사 부인)은 한표욱 대사 부인 최정림을 일컬어 "한국외교의 어머님"이라고 했었다. 그러나 한국외교를 위해 헌신했던 최정림의 회고록을 읽어보면 최정림 이상으로 한국외교를 위해 중요한 역할을 한 인물이 푸랜시스카임을 알 수 있다. 초창기 대한민국 외교의 역사(history)에 미처 기록되지 못한 외교관 부인들의 her story가 속히 기록되어야 하겠지만, 그 앞자리에 푸랜시스카의 자리 또한 마련되어야 할 것이다.

5. 결

지정학적으로 모든 인간은 그가 태어난 시간과 공간을 벗어날 수 없다. 그러나 유럽이라는 공간에서 벗어나 미국에 귀화했다가 다시 한국으로 귀화했던 푸랜시스카 또나라는 인물을 정확히 이해하기 위해서는 시공간에 고착된 고전적 지정학 보다 시공간을 초월해서 보려는 비판지정학이 필요하다. 비판지정학은 각자의 처지에 고착되기 보다 역지사지의 관점에서 다른 인물을 볼 수 있게 해준다. 그럼으로써 과거의 한 인간에 대한 맹목적 마녀만들기나 선녀만들기를 가능한 회피할 수 있다.

역사에 관한 정의로 "현재와 과거의 끊임없는 대화"라는 말이 회자되곤 한다. 사회적 행위로서의 역사서술과 사회적 산물로서의 역사가 지닌 역사의 '현재성'을 부각시킨 이 말은 많은 역사왜곡을 미화하는 결과도 초래했다. 상투적 공식에 따라 현재의 기준으로 과거를 재단하고 정치화하는 현상들이 빈발한 것이다.

현재의 목적에 따라 과거를 재창조하는 것을 경계하고, 랑케(L. Ranke)가 주장한 "있었던 그대로"(wie es eigentlich gewesen)의 사실에 대한 탐구가 여전히 존중되고 보호되어야 한다. 그것은 중세 이후 근대적 대학에서 표방되어온 – 비록 종교권력, 정치권력, 그리고 금력에 의해 준수되지 않는 경우들이 많았지만 – 학문의 기본이다. 역사적 사실의 객관적 존재를 의문시하는 포스트모더니즘의 영향을 고려하고, "객관적 사실"에 내재된 존재구속성을 인정하더라도 역사적 사실들에 대한 끊임없는 추구는 여전히 중요하다. 이 책이 푸랜시스카 또나라는 인간과의 진솔한 만남의 장, 그리고 그녀가 살아냈던 한국 정치외교사에 대한 좀 더 공평하고 객관적인 이해의 도구가 될 수 있기를 바란다.

참고문헌

〈기초 자료〉

延世大學校 現代韓國學硏究所 편. 『雩南李承晚文書 東文篇』. 전18권. 서울: 中央日報社, 1998.

韓國警察史編纂委員會 編纂. 『韓國警察史1』. 서울: 內務部 治安局, 1972.

국가기록원. http://www.archives.go.kr

국가전자도서관. http://www.dlibrary.go.kr 국사편찬위원회 전자사료관. http://archive.history.go.kr

국사편찬위원회 한국사데이터베이스. http://db.history.go.kr

대통령기록관. https://www.pa.go.kr

대한민국 역사박물관. http://www.much.go.kr

문화재청. 이화장 소장 유물 목록화 조사연구 보고서 (2009).

연세대학교 이승만연구원 이승만문서.

한국독립운동사 정보시스템. https://search.i815.or.kr

한국민족문화대백과사전. https://encykorea.aks.ac.kr/

한국학중앙연구원. https://www.aks.ac.kr

Foreign Relations of the United States. http://history.state.gov/historicaldocuments

U.S. Library of Congress (미국 의회 도서관). http://www.loc.gov

U.S. National Archives and Records Administration (NARA, 미국 국립문서기록관리청). http://www.archives.gov

『경향신문』, 『동아일보』, 『부산일보』, 『조선일보』, 『중앙일보』, *Time*.

〈주요 인물들의 기록 및 전기〉

姜鷺鄕[강로향]. 『논-픽션 駐日代表部[주일대표부]』. [서울]: 동아PR연구소 출판부, 1966.

고하 송진우선생기념사업회 편저. 『獨立을 향한 執念: 고하 송진우 일대기』. 안성: Safety Play Book, 2022.

고하 송진우선생기념사업회 편저. 『巨人의 숨결』. 서울: 이야기숲, 2023.

공정식. 『바다의 사나이 영원한 해병: 공정식 회고록』. 문창재 정리. 서울: 해병대전략연구소, 2009.

국립외교원 외교안보연구소 외교사연구센터. 『한국 외교와 외교관』. 1~18권. 서울: 국립외교원, 2011~2019.

김광섭. 『김광섭 자서전 나의 이력서』. 서울: 한국기록연구소, 2014.

金夕影[김석영]. 『景武臺의 祕密』. 서울: 平進文化社, 단기 4293[1960].

金永周[김영주]. 『外交의 經驗과 斷想: 한 外交官의 告別辭』. 서울: 인사동문화, 2004.

김윤경. 『연희대학교 총장실 일기』. 서울: 연세대학교 학술문화처 기록관, 2023.

金麟瑞[김인서]. 『李承晩博士를 辯護함』. 부산: 독학협회출판사, 1963/ 비봉출판사, 2016.

金一煥. 『김일환 회고록』. 서울: 홍성사, 2015[2014].

김자동. 『영원한 임시정부 소년: 김자동 회고록』. 서울: 푸른역사, 2019[2018].

金貞烈[김정렬]. 『金貞烈 回顧錄』. 서울: 乙酉文化社, 1979.

김창룡. 『숙명의 하이라루: 육군 특무부대장 김창룡 장군 비망록』. 남정옥 엮음. 하남: 청미디어, 2022.

金弘壹[김홍일]. 『大陸의 憤怒: 老兵의 回想記』. 서울: 文潮社, 1972.

리 푸랜세스카. 『대통령의 건강: 프란체스카 여사의 살아온 이야기』. 조혜자 옮김. 서울: 촛불, 1992[1988].

박갑동. 『통곡의 언덕에서: 남로당 총책 박갑동의 증언』. 서울: 서당, 1991.

박병엽. 『박병엽증언록』. 1, 2. 유영구·정창현 엮음. 서울: 선인, 2010.

朴容萬[박용만]. 『景武臺 祕話』. 서울: 三國文化社, 1965.

裵恩希[배은희]. 『나는 왜 싸웠나』. 서울: 一韓圖書, 단기4288[1955].

배은희. 『조선성자 방애인 소전』. [전주]: 全州 幼稚園, 1934.

백낙준. 『백낙준 전집』. 1권, 9권. 서울: 연세대학교 출판부, 1995.

白善燁[백선엽]. 『軍과 나』. 서울: 대륙연구소 출판부, 1989.

卞榮泰. 『外交餘錄』. 서울: 한국일보사, 檀紀4292[1959].

卞榮泰[변영태]. 『나의 祖國』. 서울: 自由出版社, 檀紀4289[1956].

서재권(徐載權). 『국민운동사: 정부수립 전·후의 국민운동』. 서민 편. 광주: 전남대학교출판문화원, 2018.

서재권(徐載權). 『건국 전후 비화: 정부수립 전·후의 국민운동』. 서민 편. 광주: 전남대학교출판문화원, 2021.

鮮于宗源[선우종원]. 『사상검사』. 증보판. 서울: 계명사, 2002[1992].

선우진. 『백범 선생과 함께한 나날들』. 최기영 엮음. 서울: 푸른역사, 2009.

邵毓麟. 『使韓回憶錄: 近代中韓關係史話』. 臺北: 傳記文學出版社, 中華民國 69年[1980]; 이용빈 외 옮김. 『한국외교회고록: 중화민국과 한국의 근대관계사』. 서울: 한울, 2017.

손원일. "나의 이력서." 『한국일보』. 1976년 9월 29일~12월 21일.

손원일. 『우리들은 이 바다 위해: 손원일 제독 회고록』. 홍은혜 엮음. 서울: 가인기획, 1990.

承堂任永信[임영신]博士全集 編纂委員會. 『承堂任永信博士全集』. I, II. 서울: 承堂任永信博士全集 編纂委員會, 1986.

신철식. 『신현확의 증언』. 서울: 메디치, 2017.

申鉉俊[신현준]. 『老海兵의 回顧錄』. 서울: 가톨릭출판사, 1989.

양한모. 『조국은 하나였다?』. 서울: 日善企劃, 1990.

오상준. 『리차드 위트컴: 6·25전쟁 폐허 속에서 핀 인류애』. 부산: 호밀밭, 2022.

오진근, 임성채. 『해군창설의 주역, 손원일 제독[상, 하]』. 서울: 한국해양전략연구소, 2006.

우사연구회 엮음. 심지연 지음. 『송남헌 회고록: 김규식과 함께 한 길』. 서울: 한울, 2000.

윤보선. 『救國의 가시밭 길: 나의 回顧錄』. 서울: 韓國政經社, 1967.

尹錫五[윤석오]. 『남기고 싶은 이야기들』. 3판. 서울: 中央日報, 1977.

尹致暎[윤치영]. 『尹致暎의 20世紀: 東山回顧錄』. 서울: 삼성출판사, 1991.

이대인. 『대한민국 특무부대장 김창룡』. 서울: 기파랑, 2011.

李炳注[이병주]. 『대통령들의 초상』. 서울: 서당, 1991.

李範奭[이범석]. 『우둥불』. 서울: 사상사, 1971.

李範奭[이범석]. 『鐵騎 李範錫 自傳』. 서울: 외길사, 1991.

이범석. 『민족과 청년』. 서울: 백산서당, 1999.

李範奭, 張澤相, 李在鶴, 許政, 郭尙勳, 尹潽善, 張勉, 張建相, 宋堯讚. 『事實의 全部를 記述한다』. 서울: 希望出版社, 1966.

이승만. 『독립정신 영인본』. 김명섭 해제. 연세대학교 이승만연구원 편. 『우남 이승만 전집2』. 서울: 연세대학교 대학출판문화원, 2019[1910].

이승만. 『국역 이승만 일기 *The Diary of Syngman Rhee, 1904~34 & 1944*』. 서울: 연세대학교 이승만연구원/대한민국역사박물관, 2015.

李元淳[이원순]. 『人間 李承晚』. 서울: 新太陽社, 1988.

李元淳. 『世紀를 넘어서: 海史 李元淳 自傳』. 서울: 新太陽社, 1989.

이윤영 외. 『국무총리서리 白史 李允榮 回顧錄』. 서울: 史草, 1984.

이응준. 『回顧 90年: 1890-1981: 李應俊 自敍傳』. 서울: 汕耘紀念事業會, 1982.

李仁[이인]. 『半世紀의 證言』. 서울: 明知大學出版部, 1974.

이종구. 『건국대통령 이승만』. 서울: 글벗사, 2005.

이한림. 『세기의 격랑: 이한림 회상록』. 서울: 팔복원, 2005.

이형근. 『군번 1번의 외길인생: 이형근 회고록』. 서울: 중앙일보사, 1993.

仁村紀念會. 『仁村 金性洙傳』. [서울]: 인촌기념회, 1976.

林炳稷[임병직]. 『林炳稷大使 外交演說選集』. 韓徹永[한철영] 編. 서울: 文化春秋社, 檀紀4291[1958].

林炳稷. 『林炳稷 回顧錄: 近代 韓國外校의 裏面史』. 서울: 女苑社, 1964.

張暻根[장경근]. "자유당의 黨風과 他黨에 대한 비판." 『새벽』. 1956.3.

장면. 『한알의 밀이 죽지 않고는: 장면 박사 회고록』. 증보판. 서울: 가톨릭 출판사, 1999[1967].

전상진 구술. 김명섭 면담. 『한국 외교와 외교관: 제1회 고등고시(외무행정)외교관』. 서울: 국립외교원, 2018.

전웅. 『어두운 낮을 살았다』. 서울: 메이킹북스, 2022.

전택부. 『人間 申興雨』. 서울: 大韓基督教書會, 1971.

鄭華岩[정화암]. 『어느 아나키스트의 몸으로 쓴 근세사』. 서울: 자유문고, 1992.

趙甲濟[조갑제]. 『李龍文: 젊은 巨人의 초상』. 서울: 조갑제닷컴, 2016.

趙炳玉[조병옥]. 『나의 回顧錄』. 군산: 해동, 1986[1959].

朝鮮日報社出版局 編. 『轉換期의 內幕』. 서울: 朝鮮日報社, 1982.

진필식. 『외교관의 회고: 진필식 대사 회고록』. 서울: 외교안보연구원, 1999.

崔德新[최덕신]. 『내가 겪은 板門店』. 서울: 泰成印刷社, 檀紀4288[1955].

崔承萬[최승만]. 『나의 回顧錄』. 仁川: 仁荷大學校 出版部, 1985.

崔仁圭[최인규]. 『崔仁圭 獄中 自敍傳』. 강인화 편. 서울: 중앙일보사, 1984.

최정림. 『외교관의 아내 그 특별한 행복』. 서울: 여성신문사, 1998.

하우스만, 짐. 정일화. 『한국 대통령을 움직인 美軍대위』. 서울: 한국문원, 1995.

한표욱. 『이승만과 한미외교』. 서울: 중앙일보사, 1996

함명수. 『바다로 세계로』. 서울: 한국해양전략연구소, 2007.

Clark, Mark W. *From the Danube to the Yalu.* New York: Harper & Brothers, 1954.

Eisenhower, Dwight D. *The White House Years: Mandate for Change, 1953-1956.* Garden City, N.Y.: Doubleday, 1963.

Eisenhower, Dwight D. *The White House Years: Waging Peace, 1956-1961.* Garden City, N.Y.: Doubleday, 1963.

Karl, Hongkee. *President Syngman Rhee's Journey to America.* Seoul: Office of Public Information, 1955.

MacArthur, Douglas. *Reminiscences.* New York: McGrow-Hill, 1964.

Noble, Harold Joyce. *Embassy at War.* Seattle: University of Washington Press, 1975; 朴實 역. 『李承晩과 美國大使館』. 서울: 井湖出版社, 1982.

Oliver, Robert T. *Syngman Rhee: The Man Behind the Myth.* New York: Dodd Mead and Company, 1954; 박 마리아 역. 『리승만박사전』. 서울: 합동도서, 1956.

Oliver, Robert T. *Syngman Rhee and American Involvement in Korea, 1942-1960: A Personal Narrative.* Seoul: Panmun Book Company LTD, 1978; 박일영 옮김. 『大韓民國建國의 祕話: 李承晩과 韓美關係』. 서울: 啓明社, 1990; 박일영 옮김. 『大韓民國建國의 內幕』. 서울: 啓明社, 1998; 박일영 옮김. 『이승만 없었다면 대한민국 없다』. 서울: 동서문화사, 2008; 한준석 옮김. 『이승만의 대미투쟁(상, 하), 1942-1960』. 서울: 비봉출판사, 2013.

Oliver, Robert T. *A History of the Korean People in Modern Times: 1800 to the Present.* Newark: University of Delaware Press, 1993.

Rhee, Francesca Donner. "Mrs. Rhee's Diary, 1950." manuscripts with corrections made by Dr. Robert Oliver.

Rhee, Syngman. *Neutrality As Influenced by the United States.* Princeton: Princeton University Press, 1912; 연세대학교 이승만연구원. 『미국의 영향을 받은 중립』. 정인섭 역주, 해제. 서울: 연세대학교 대학출판문화원, 2020.

Rhee, Syngman. *The Koreans in Manchuria: Extracts for the Lytton Report with comments by Dr. Syngman Rhee.* (Geneva, 1933). Paris: Agence Korea.

Rhee, Syngman. *Japan Inside Out: The Challenge of Today.* New York: Fleming H. Revell, 1941/ London: John Long, 1941.

Ridgway, Matthew B. *The Korean War.* Garden City, N.Y.: Doubleday, 1967.

Robinson, Richard D. "Betrayal of a Nation." unpublished manuscript based on the author's personal experience and observation. 1960[1947]; 리차드 로빈슨. 『미국의 배반: 미군정과 남조선』. 정미

옥 역. 서울: 과학과 사상, 1988.

Truman, Harry S. *Memoirs 2: Years of Trial and Hope, 1946-1953.* Bungay, Suffolk: Hodder and Stoughton, 1956.

〈연구논저: 한글〉

강여린. “한일회담을 중심으로 본 냉전기 한미관계.” 서울대학교 박사학위논문 (2022.2).

국방부 군사편찬연구소. 『韓美 軍事 關係史』. 서울: 국방부 군사편찬연구소, 2002.

국사편찬위원회. 『대한민국사 연표1, 1948.8~1967.12』. 과천: 국사편찬위원회, 2008.

김명섭. 『전쟁과 평화: 6.25전쟁과 정전체제의 탄생』. 서울: 서강대학교 출판부, 2015.

김명섭, 김정민. “워싱턴회의 시기 이승만의 외교활동과 신문 스크랩, 1921-1922.” 『한국정치학회보』. 제51집 제2호 (2017.6).

김명섭, 김주희. “20세기 초 동북아 반일(反日) 민족지도자의 반공(反共): 이승만과 장개석의 사례를 중심으로.” 『한국정치외교사논총』. 34권 2호 (2013).

김명섭, 박재원. “제1차 세계대전 전후 하와이 대한인 독립운동: 이승만과 박용만을 중심으로.” 『국제정치논총』. 61집 4호 (2021).

김명섭, 김민식. “전쟁과 연설: 6.25전쟁 시기 이승만 대통령의 연설에 관한 연구.” 『한국정치학회보』. 56권 1호 (2022.3).

김명섭, 이호준. “6·25전쟁 이전 이승만정부의 해양위협인식과 해군정책, 1948-1950.” 『국제정치논총』. 62권 4호 (2022.12).

金奭學[김석학], 林鐘明[임종명]. 『光復 30年 1: 建國 篇』. 광주: 全南日報社, 1975.

김태오, 최막중. “한국의 아파트 공급과 수요의 역사적 연원에 관한 연구. 『국토계획』. 51권 6호 (2016).

남정옥. 『이승만 대통령과 6.25전쟁』. 파주: 이담북스, 2010.

문경호. ”미국의 한국 정치세력에 대한 개입정책(1945-1965).” 부산대학교 석사학위논문 (2008).

문정인, 김세중 편. 『1950년대 한국사의 재조명』. 서울: 선인, 2004.

朴桓[박환]. “사진역사분석학의 제창: 독립운동사 서술에서 나타나는 미디어자료의 활용.” 『역사교육』. 158 (2021).

方善柱[방선주]. 『在美韓人의 獨立運動』. 춘천: 翰林大學校 아시아文化研究所, 1989.

복거일. 『(樂劇) 프란체스카: 우연히 오스트리아에서 태어난 한국 여인』. 서울: 북앤피플, 2018.

복거일. 『물로 씌어진 이름』. 파주: 백년동안, 2023.
서중석. 『이승만의 정치이데올로기』. 서울: 역사비평사, 2005.
서희경. 『한국헌정사, 1948~1987』. 서울: 포럼, 2020.
손세일. 『이승만과 김구』. 서울: 조선뉴스프레스, 2015.
孫煙霞[손연하]. "李起鵬의 정치기반 형성과정과 정치활동." 충남대학교 석사학위논문. 2014.2.
송건호, 진덕규 외. 『解放前後史의 認識』. 전6권. 서울: 한길사, 1979~1989.
신복룡. 『인물로 보는 해방정국의 풍경』. 파주: 지식산업사, 2017.
심지연. 『한국 정당 정치사』. 서울: 백산서당, 2022.
안병훈 엮음. 『사진과 함께 읽는 대통령 이승만』. 서울: 기파랑, 2011.
양동안. 『대한민국 건국사』. 서울: 현음사: 2001.
오동룡 엮음. 『사진으로 읽는 군인 백선엽』. 서울: 청미디어, 2023.
온창일. "6·25전쟁과 한국군의 팽창." 유영익 · 이채진(편). 『한국과 6 · 25전쟁』. 서울: 연세대학교 출판부, 2002.
유영익 편. 『이승만연구』. 서울: 연세대학교 출판부, 2000.
유영익. 『건국대통령 이승만』. 서울: 일조각, 2013.
유영익. 『이승만의 생애와 건국비전』. 서울: 청미디어, 2019.
유지윤, 김명섭. "프레데릭 B. 해리스의 한국 관련 활동." 『한국정치외교사논총』. 제40집 제1호 (2018).
유지윤. "이승만의 기독교네트워크와 미국에서의 정치외교활동, 1904-1954." 서울: 연세대학교 대학원 박사학위논문, 2022.
윤보선민주주의연구원 엮음. 『윤보선과 1950년대 한국정치』. 성남: 한국학중앙연구원출판부, 2021
윤석정. "관대한 대일강화조약과 이승만정권의 강화조약 외교." 『동북아역사논총』63호(2019).
윤선자. "6·25 한국전쟁과 군종활동." 『한국기독교와 역사』 14 (2001).
윤선자. "한국 군종활동의 어제와 오늘 그리고 내일." 『기독교사상』 (2013).
이덕희. 『한인기독교회·한인기독학원·대한인동지회』. 서울: 한국기독교역사연구소, 2008.
이덕희. 『이승만의 하와이 30년』. 서울: 북앤피플, 2015.
이동원. "6·25전쟁 초기 김홍일의 활동과 예편: 한강선 방어전투를 중심으로." 『군사』 99호 (2016).
이동원. "이승만 정권기 한미합의의사록의 체결과 개정." 『역사와 현실』 제107호(2018).
이동원. "1954년 밴 플리트 사절단의 동아시아 냉전 구상과 한미관계의 구성." 『군사』 120호 (2021).
이봉범. "한미재단(American Korean Foundation), 냉전과 한미 하방연대." 『한국학연구』 43권 (2016).

이연숙. “6·25전쟁기 개전일 기념의 의미화와 균열의 봉합.” 『역사연구』 43호 (2022).

이영호. “하와이 이민과 ‘인하공과대학’의 설립.” 『기록학연구』 재3호 (2001).

이은선. “배은희 목사의 해방 이후 정치활동 연구.” 『한국교회사학회지』 50호 (2018).

이정식. 『대한민국의 기원: 해방 전후 한반도 국제정세와 민족 지도자 4인의 정치적 궤적』. 서울: 일조각, 2006.

이택선. 『우남 이승만 평전』. 서울: 이조, 2021.

이철순. “이승만정권기 미국의 대한정책 연구(1948-1960),” 서울대학교 대학원 박사학위 논문, 2000.

이철순. “부산정치파동에 대한 미국의 개입.” 『한국정치연구』 10권 (2001).

이혜정. “1954년 한미 합의의사록의 재조명: ‘114일의 한미 분규’.” 『한국정치연구』 제29집 제3호 (2020).

이현표. 『워싱턴의 겁쟁이들』. 서울: 기파랑, 2022.

이현진. 『미국의 대한경제원조정책, 1948~1960』. 서울: 혜안, 2009.

이호준, 김명섭. “6·25전쟁 정전협정 체결 전후 이승만정부의 해군정책.” 「국제정치논총」 제63집 2호 (2023.6).

인보길. 『위대한 3년, 1952~1954: 이승만 현대사』. 서울: 기파랑, 2020.

陣德奎[진덕규], 韓培浩[한배호], 金學俊[김학준], 韓昇洲[한승주], 金大煥[김대환] 외. 『1950年代의 認識』. 서울: 한길사, 1981.

鄭安基[정안기]. 『충성과 반역』. 서울: 조갑제닷컴, 2020.

정인섭. “대한국제법학회의 창설과 초기 활동.” 『서울국제법연구』. 24권 2호 (2017.12).

주인식. 『1952 부산, 이승만의 전쟁』. 서울: 기파랑, 2018.

최기영. “우빈(于斌) 주교와 한국독립운동.” 『교회사 연구』. 44 (2014).

최종고. 『이승만과 메논 그리고 모윤숙』. 서울: 기파랑, 2012.

하영선, 김영호, 김명섭 외. 『한국외교사와 국제정치학』. 서울: 성신여자대학교 출판부, 2005.

한국인물전기학회. 『인물과 전기』. 최종고 편. 서울: 한들출판사, 2002.

한승환. “존 B. 콜터(John B. Coulter) 연구: 한미관계에 미친 영향을 중심으로.” 연세대학교 석사학위 논문. 2021.

韓鎔源[한용원]. 『創軍』. 서울: 박영사, 1984.

홍준석. “1949~1950년 주미한국대사관의 설치와 외교활동.” 『한국학』(2022 겨울).

후지이 다케시. 『파시즘과 제3세계주의 사이에서: 족청계의 형성과 몰락을 통해 본 해방 8년사』. 서울: 역사비평사, 2012.

〈연구논저: 외국어〉

Allen, Richard. C. *Korea's Syngman Rhee: An Unauthorized Portrait.* Tokyo and Rutland(VT): Charles E. Tuttle Company, 1960.

Braim, Paul F. *The Will to Win.* Annapolis: The Naval Institute Press, 2000; 육군교육사령부 번역실 역. 『위대한 장군 밴 플리트』. 대전: 육군본부, 2001.

Brazinsky, Gregg. *Nation Building in South Korea: Koreans, Americans, and the Making of a Democracy.* Chapel Hill: The University of North Carolina Press, 2009; 나종남 역. 『대한민국 만들기, 1945-1987』. 파주: 나남, 2012.

Kim, Myongsob. "Two Koreas in International History" in *South Korea's 70-Year Endeavor for Foreign Policy, National Defense, and Unification.* London: Palgrave Macmillan, 2019.

Kim, Myongsob and Horace Jeffery Hodges. "Korea as a Clashpoint of Civilization." Hyung-Kook Kim, Myongsob Kim and Amitav Acharya eds. *Northeast Asia and the Two Koreas: Metastability, Security, and Community.* Seoul: Yonsei University Press, 2008.

Kim, Quee-Young. *The Fall of Syngman Rhee.* Berkeley: Institute of East Asian Studies, University of California, 1983.

Korean Christian Church. *Korean Christian Church, 1918~2018.* Honolulu: Korean Christian Church, 2018.

Lew, Young Ick. *The Making of the First Korean President: Syngman Rhee's Quest for Independence.* Honolulu: University of Hawai'i Press, 2013[2017].

Munro, Ronald and Daeyeol Yea. "An Australian View of the Pusan Political Crisis in Korea, 1952," *International Journal of Korean History.* vol. 20 no. 1 (2015).

Na, Jong-nam. *Making Cold War Soldiers: The Americanization of the South Korean Army, 1945-1955.* Ph.D. diss., University of North Carolina, 2006.

Park, Tae Gyun. "What Happened Sixty Years Ago?: ROK-US Deep Distrust between President Rhee and Eisenhower." *Journal of International and Area Studies.* vol. 21 no. 1 (2014).

Sawyer, Robert K. *Military Advisors in Korea: KMAG in Peace and War.* Washington, D.C.: U.S. Army Center of Military History, 1988.

Vierthaler, Patrick. "The Life of Francesca Donner-Rhee: A Biographical Sketch of an Austrian who Became South Korea's First Lady." in *Koreans and Central Europeans* Vol. 3: *Central Europeans in Korea,* ed. by Andreas Schirmer. Vienna: Praesens Verlag, 2020.